台大國家發展研究所叢書（一）

經濟學帝國主義
Economic Imperialism

策　劃／台灣大學國家發展研究所

主　編／李炳南

副主編／鄧志松、唐代彪、邱鳳臨

主編序

　　本書蒐集了九篇演講稿，是本所【週三學術系列講座】的部分成果。該演講活動由唐代彪、鄧志松、邱鳳臨三位同仁負責，當初的構想是希望加強學科對話，探討科際整合的可能性，不過議題不易決定。最後嘗試以「公共選擇理論」為核心，邀請不同領域學者就其所長，分別介紹它的應用與發展。前面兩次由楊建成教授主講，介紹基本概念及學派演進；接著鄒繼礎教授、林明仁教授、劉瑞華教授、樊沁萍教授、楊台恩教授、吳親恩教授、林繼文教授，分別又介紹了它在社會學、法律學、文化產業、實驗經濟學、媒體、政治經濟學、政治制度研究上的最新發展，基本上，公共選擇主要的議題都觸及了。由於學科背景不同，部分同學對經濟學的思維模式比較陌生，不過從同學的反應看來，演講效果相當不錯。為了能留下記錄，嘉惠更多學子，我們將演講內容整理為文字稿，希望能廣為流傳。這本書能夠順利出版，首先得感謝所有參與演講者的支持、上述三位老師、周海蕙助教以及五位辛苦的同學：康景翔、郭俊偉、劉智年、彭艾喬、劉郁初，沒有他（她）們的細心協助，這項工作不可能完成。不過因為工程浩大，錯誤在所難免，還請講者及讀者見諒。

　　這本書是本所走向整合研究道路的一個嘗試，步伐雖然小，甚至有點蹣跚，但畢竟是一個開始，茲作歌一首以誌之，歌曰：

　　　　　　滴水穿石兮　不捨晝夜，
　　　　　　鐵杵成針兮　功夫日深；
　　　　　　粒米成蘿兮　積沙成塔，
　　　　　　自選其擔兮　不覺其重；
　　　　　　愈流愈通兮　愈精愈謹，
　　　　　　善哉斯言兮　時縈於懷。

台灣大學國家發展研究所

李炳南

二〇〇五年八月三十一日

目　錄

第一章

政治經濟學（一）

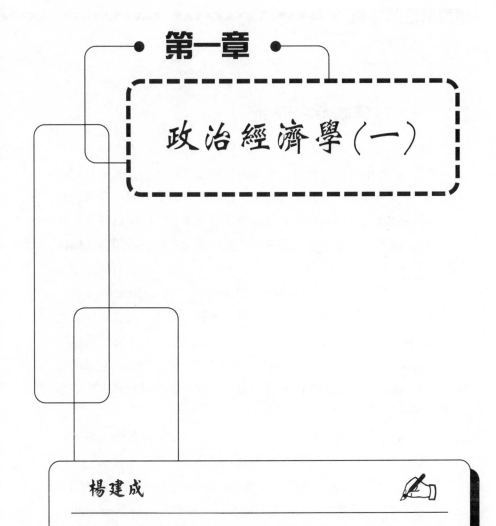

楊建成

學歷：維吉尼亞理工大學經濟學博士
現職：中央研究院經濟學研究所特聘研究員
研究專長：公共經濟學、政治經濟學

一、何謂政治經濟學

　　很難得有這個機會，來跟各位報告我對於一些文獻寫的一些東西。這是一個滿大的內容。我等一下講的時候，會牽涉到一些圖形，有些人可能會覺得這個很簡單，但是因為各位同學的背景不大一樣，所以我講的時候可能會花點時間講得比較詳細一點。

　　這門學問有很多名稱，有人把它叫作 "political-economy"，這是最早的；最近流行一個名稱，叫作 "political-economics"，稱作「政治經濟學」；一般也把它叫作「公共選擇」（public choice）。為什麼叫作「公共選擇」呢？因為在私部門有一個相對的「私人選擇」（private choice），所以我們把它叫作「公共選擇」。

　　這個「公共選擇」有很多的界定方式，我所瞭解的界定方式，基本上就是「應用經濟學的方法論來研究政治科學的一門學問」，叫作「公共選擇」。而經濟學的方法論，也有很多的界定方式，但是基本上文獻把它叫作個人主義方法學（individualism methodology）。換句話說，分析問題的時候，是從個人出發。假如你們有學經濟學就可以曉得，是先有一個個人的選擇行為，然後再慢慢加總到一個市場的供需中，然後再有一個均衡價格（equilibrium price）等等。這是傳統經濟學的近似個人方法學（approach-individual methodology），從個人出發。另外我在這裏有稍微提到，經濟學有一個中心思想，就是認定人類的行為是出於自利動機（self-interest motive）。所以，一個公務

人員，由學經濟的人看來，跟其他人沒什麼兩樣：當他在市場的時候，他的行爲可能是這樣，當他到公部門（public section）的時候，我們認定他的行爲也是一樣有一個自利動機。另外，我們假設有一個所謂的 "rational choice"。 "rational choice" 就是「個人會在他的限制範圍之內，對達成目標做最有利的選擇」。這個限制是什麼東西呢？限制的範圍就很廣了：包括資源的限制、訊息的限制、制度的限制等等。

　　這門學問的開展，大概是在十八世紀末的時候，由兩個算是哲學家兼數學家吧！一個叫作Borda❶，在一七八一年的時候，一個叫作Condorcet❷，在一七八五年的時候，有提出一些看法；但是這是在比較早的時候。有關「公共選擇」現代的開展，主要是兩個人物，一個是Duncan Black，他在一九四八年的時候，發展出他很有名的中位者投票定理（median voter theorem）；一個是Kenneth Arrow在一九五〇、一九五一年的時候，發展出他的「不可能定理」（impossibility theorem）。這方面可以講的材料很多，我講的時候，主要是以以下的五本書籍爲內容，這五本書籍都算是公共選擇的經典著作。

1. Arrow (1951), *Social Choice and Individual Values.* 這本書是他的博士論文，他也因爲這本書得到諾貝爾獎。這是很重要的一本書，有人認爲二十世紀必念的三本經濟學書籍中，這是其中的一本。

2. Downs (1957), *An Economic Theory of Democracy.* Downs

---

❶ Jean-Charles de Borda，法國數學家。
❷ Marquis de Condorcet，法國數學家。

是Arrow的學生，這也是他的博士論文，可見博士論文滿
重要的。這本書的出版滿有趣的，因爲是Arrow跟一個學
政治的談到：「我有一個學生滿不錯的，這本書你看一
下。」他看了以後大爲讚賞，所以一字不改的就把它出版
了。

3.Buchanan and Tullock (1962), *The Calculus of Consent.* 這
也是滿有名的一本書，Buchanan也是得過諾貝爾獎的。

4.Olson (1965), *The Logic of Collective Action.* 這本書很有
名，在政治學領域裏面，大概算是必備的一本書。

5.Niskanen (1971), *Bureaucracy and Representative
Government.* 它主要是探討官僚體系的一些問題。

這五本書就當作我演講的內容，但是因爲我的材料滿多
的，所以我猜想我大概不可能全部講完，只能挑一些來談。底
下我們就從Arrow的觀點出發。

二、Arrow的「不可能定理」

Arrow有一個很有名的定理，就是他的「不可能定理」。這
個「不可能定理」是我們剛才談的Condorcet，他在一七八五年
的時候就提出的一個基本看法；Arrow等於是對這個看法進一步
地來發揮。Condorcet在一七八五年的時候，那個時候剛好是一
個貴族政治沒落、平民政治興起的時候。平民政治基本上就是
數人頭嘛！看誰的人頭多，誰的方案就通過。Condorcet就提出
一個很有名的Condorcet反論（Condorcet paradox）。我們想像一

表1-1　Condorcet 反論

甲	乙	丙
a	b	c
b	c	a
c	a	b

下，現在有a、b、c三個方案，甲的偏好喜歡a>b>c，乙的偏好喜歡b>c>a，丙的偏好喜歡c>a>b；這是他們的偏好排列次序。Condorcet就說，好！現在要數人頭嘛！每個人對a、b、c這三個方案有各自不同的偏好（見**表1-1**）。

　　他問的問題就是：「那這個社會（由甲、乙、丙三人所構成）的偏好是什麼樣子？」我們就用數人頭表決的方式來看看。

　　首先就a、b兩個比較：對甲而言a超過b，所以甲投給a一票；乙的話是b超過a，所以投給b一票；丙的話是a超過b，所以投給a一票。當a跟b進行表決的時候，a得兩票b得一票，所以a就贏了。

　　贏的再跟剩下那個比看看。a、c的話甲是投給a一票；乙的話投給c一票；丙的話也是投給c。所以a跟c進行表決，c就贏了。

　　a跟b比，a贏；a跟c比，c贏。所以c是不是最後就贏了呢？我們把c跟b再做比較看看：甲投b一票、乙投b一票、丙投c一票；所以b又打敗c。他問的問題是：「社會的偏好是什麼？」

　　在這裏a超過b、b超過c、但是c又超過a。所以換句話說，a>b>c>a，就會產生問題。我們講abc是比較抽象，我們用台灣的觀點來看一下：假如a是陳水扁、b是宋楚瑜、c是連戰。所以

說這個社會如果是長這個樣子的話，那麼這個社會用簡單多數決來看，最喜歡的是誰呢？他說，就有這個問題：連戰可能超過陳水扁，陳水扁可能超過宋楚瑜，宋楚瑜搞不好又超過連戰。這是Condorcet在一七八五年的時候，提出的很有名的「Condorcet反論」。

　　有人後來去考古，發現這個想法事實上不是在法國大革命的時候才被提出來的，早在古希臘的時候，就有人提出這樣子的概念。我們可以想一下，這是不是因為這個例子的特殊性，或是單一多數決的特殊性，才會造成這個現象（a>b>c>a，不曉得這三個之間誰最好）？所以，這是不是有特殊性呢？Arrow 的「不可能定理」進一步推論說：這是一個普遍的問題。

　　Arrow在一九五〇年的時候先發表一篇報告，一九五一年的時候又出版他的博士論文，介紹他很有名的「不可能定理」。他的想法是：任何一個民主社會，你要做一個公共決策，很顯然地必須要滿足一些基本要求。Arrow在他的「不可能定理」裏面就訂出了幾個簡單的準則：

1. 允許社會成員有各式各樣的不同偏好：這在民主社會應該是很自然的。像在台灣，各式各樣的偏好都有，對一件事情可能有截然不同的看法。在民主社會，這樣的條件應該滿合理的。

2. 如果社會每個成員都一致認為a案比b案好，則社會偏好即應是a案比b案好：這個條件也是很合理的。如果這個社會一致認為陳水扁比連戰好，那麼陳水扁應該就是比連戰好。

3. 社會成員有人認為c案比d案好，有人認為d案比c案好，如

果社會對c和d兩案得到某一偏好排序，則此一社會偏好排序不會因為另一e案的出現或社會成員對e案評價的改變而改變：這個條件比較專門一點。大家在比較陳水扁和連戰誰比較好的時候，不會因為宋楚瑜的出現，兩者之間的比較就產生變化。我們用一個例子：假如你進到一家餐廳，餐廳的服務生跟你說：「我們的菜單上有兩種餐點，一個是雞肉、一個是鴨肉，你喜歡哪一個？」我就跟他點說：「我喜歡雞肉。」服務生忽然又說：「事實上我們還有另一道菜，就是牛肉。你會做什麼選擇？」我想了想就說：「我要選鴨肉。」這個道理是一樣的，菜單上有雞跟鴨，你選擇是雞；現在出現一個牛肉之後，你選擇鴨；這個就有點奇怪。所以，這個條件就把這種情況排除。

4.社會偏好排序不能以某一社會成員的偏好為偏好，文獻上稱作「不能獨裁」。

　　這四個條件都是相當簡單，看起來都是最小的要求。但是Arrow的「不可能定理」，就是在這四個條件下，證明一個東西：「如果社會成員有三個以上，選擇方案也有三個以上，則找不到任何機制可以保證將社會成員的個人偏好轉成同時滿足上述四個條件具有一致性的社會偏好」。而所謂「具有一致性的社會偏好」，簡單來說就是不會發生a>b>c>a的這種Condorcet反論現象。所以，我們常常在談「社會共識」，但是Arrow這個簡單的定理就告訴我們：社會共識在民主社會裏是很難成立的、是不可能的。像前面所說的，連戰或宋楚瑜或陳水扁，台灣社會要選出一個誰最好，這種事幾乎無解（找不到任何機制）。

　　如果你們學過經濟學的話就應該曉得，經濟學在人做決定

時，都要賦予他一個無異曲線（indifferent curve）、個人優先選擇（individual preference），等於賦予他一個效用函數的偏好。Allow的「不可能定理」告訴我們的就是社會在做選擇的時候，有沒有可能像個人的選擇一樣，找出一個社會共同的偏好？答案是：找不到一個機制滿足上述四個條件，而能夠建構出「社會優先選擇」。

　　那麼，如果要打破Allow的「不可能定理」的結論的話，很顯然地，我們就必須放寬上面那幾個條件。

三、Black的「中位者投票定理」

　　一個蘇格蘭人，Black，他在一九四八年的時候，就提出一個看法（顯然比Allow的「不可能定理」更早）。這是Black在二次世界大戰躲空襲時無聊想出來的。就是Black很有名的「中位者投票定理」（median-voter theorem）。

　　我們知道，Allow的「不可能定理」的第一個條件，就是「容許各式各樣的偏好」，用經濟學的術語來說就是「容許各式各樣的效用函數」。Black就把這個假設放寬，將偏好限定在比較特殊的形態上。他的限定有兩個假設：第一、我們現在只考慮一維的問題（單維議題），譬如現在我們只考慮「教育支出水準」；第二、他假設對於「教育支出水準」這件事情，大家的偏好比較特殊，是屬於「單峰偏好」。「單峰偏好」假如用效用函數來描述的話，如圖1-1。

　　換句話說，對於「教育支出水準」這件事情，有一個最喜歡的議案：a。比如我們問他：「今年的教育支出水準，多少你

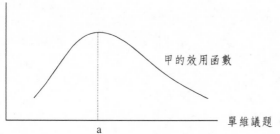

甲的效用函數

單維議題（例如教育支出水準）

a

圖1-1　單峰偏好

最喜歡呢？」他說：「我要三億元。」這個三億元就是他的a，
高過三億元或是低過三億元，他就愈來愈不喜歡。Black打破
Allow「不可能定理」的結論，提出在他的假設之下，追求社會
偏好是可能的：假設在單維議題、大家的效用偏好是單峰，則
依社會成員效用最高的點排序（例如一個喜歡三億元、一個喜
歡兩億元、一個喜歡五億元，那麼我們將三億元、兩億元、五
億元照順序排下來），排序中位者最喜歡的議案，將在議案兩兩
多數決對決下，擊敗所有的議案。換句話說，誰跟它比的話，
都會輸它，因此這個社會最喜歡的議案就得出來了。這就是
Black很有名的「中位者投票定理」，在一九四八年提出來的，但
這想法其實是在二次大戰空襲時想出來的，所以事實上比Allow
更早。不過從文獻的觀點來看，你可以把Black的「中位者投票
定理」，想成是Allow「不可能定理」的一個例外。我們底下就
來證明看看，為什麼可以形成社會偏好？

　　我們現在想像有甲、乙、丙這三個人，每個人的偏好都是
單峰。甲最喜歡的議案是a、乙最喜歡的議案是b、丙最喜歡的
議案是c，如**圖1-2**。

　　假設按照最高峰的順序排下來，b的議案排在中間。則以多

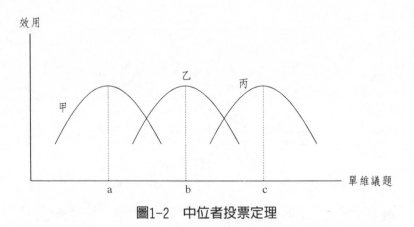

圖1-2　中位者投票定理

數決比較的話，所有的議案都會被b打敗。因為a跟b來比的話b
會擊敗a：甲投給a自己一票、乙投給b一票，所以a跟b哪個議案
會贏，完全看丙。而我們對丙有一個假設，他是單峰的。單峰
有一個特徵就是有一個最喜歡的點，離那點愈遠的話他就愈不
喜歡。所以a跟b來比的話，很顯然b是比較靠近c的，所以丙會投
給b一票。因此b就擊敗a了。b跟c來比的話，同理可證，b又會擊
敗c。

　　b跟a比的話，b贏；b跟c比的話，也是b贏。所以這個社會
最喜歡的議案就是b。能不能形成一個社會偏好呢？可以的。因
為a跟c來比的話，其勝利取決在b，因此次好的偏好可以找出
來；最差的偏好也可以找出來。因此在這個例子裏面，從個人
的偏好當中，我們可以加總出一個社會優先選擇。

　　就我的瞭解，想要脫離Allow「不可能定理」的結論的話，
Black的「中位者投票定理」還是一個很關鍵被常用的東西，它
提供了一條出路。這個b，在文獻上有一個特別的名稱，叫作
「Condorcet優勝者」（Condorcet winner）。簡單瞭解的話，就是

「循環賽局當中的優勝者」，誰碰到他，都被他打敗。所以有一個政治均衡（定案，不會再更動了）的話，只要存在「Condorcet優勝者」，整個體系就會穩定。

　　Black的「中位者投票定理」是Allow「不可能定理」一個很重要的例外。但是它有兩個關鍵假設：「單峰」跟「一維」。在一九六七年，Plott提出一篇很有名的文章，他試著將Black的「中位者投票定理」延伸到二維以上。我們剛剛談的是「教育經費的支出」，現在假設再加上一個「國防經費的支出」，在這麼一個空間裏面，Black的「中位者投票定理」是否依舊成立？他所考慮的人的偏好，是長這個樣子的，如圖1-3。

　　可以把X想像成「教育經費的支出」、Y想像成「國防經費的支出」，在這二維裏面，我們仍然維持單峰（single-peakedness）的假設。想像一個高山，有一個最高點，就是（Xi，Yi），愈往外側就愈低。現在我用一個水平面將它切過去，畫出它的等高線。這個圖形告訴我們，帶給這個人最大的效用是（Xi，Yi），

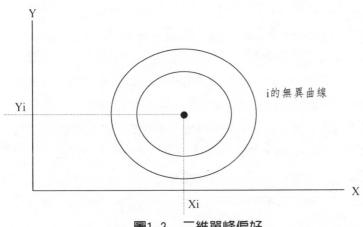

圖1-3　二維單峰偏好

換句話說，這個人要做選擇的時候，他最喜歡的是（Xi，Yi）。
這個圓，用數學上來說，就是無異曲線；離中心點愈遠，它的
無異曲線就愈大，換言之帶給它的效用就愈低。我們看Plott的分
析。

四、Plott的二維假設

從Black的一維單峰，現在擴充到二維單峰，Plott問的問題
是：「是不是有所謂的Condorcet優勝者存在呢？」也就是在兩
兩對決裏面，我們是否能找到包含X和Y這兩維的一個方案，而
誰碰到它都會被它打敗呢？

現在我們假設有三個人：甲、乙、丙。甲的中心點是a（在
「教育經費支出」跟「國防經費支出」的兩維空間中，甲最喜歡
的是a）、乙的中心點是b、丙的中心點是c。離那點愈遠，效用就
愈低。如圖1-4。

我們用這個例子表示：d這點不是Condorcet優勝者。為什麼
d不是Condorcet優勝者呢？我們可以在中間發現有用斜線表示的
區域，在這區域中隨便找一點出來，都可以把d打敗。比如說我
們在甲乙兩個圓交界的斜線區域找一點來跟d比較看看，隨便找
一點的話，甲會投給那個議案一票，他不喜歡d，同樣乙也會投
給那個議案一票，所以做比較的話，那個議案就會把d打敗。我
們知道Condorcet優勝者就是碰到任何一個議案，他都可以把對
方打敗；很顯然在這個例子裏面d就不是。

那麼，有沒有可能在空間裏面找到一個Condorcet優勝者
呢？下面這個例子就告訴我們，有的！如圖1-5。

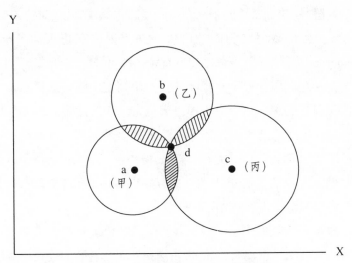

圖1-4　d不是Condorcet優勝者

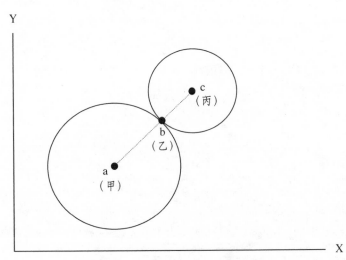

圖1-5　b是Condorcet優勝者

在圖1-5裏面，甲的中心點是a、乙的中心點是b、丙的中心點是c。我稍微將它們的順序做一些排列。在這裏面，b是Condorcet優勝者，這空間中的所有議案都會被b打敗。這個圖跟前一個圖之間有什麼不一樣呢？前一個圖它中間有些斜線，而這個圖斜線的部分完全消失掉，因爲畫出來的話等於有點相切的味道在。這個圖形裏，a、b、c三點剛好要排成一條直線；只有在這樣的情況下，b才是Condorcet優勝者。所以這個例子就告訴我們：在空間（二維以上）要存在Condorcet優勝者，是有的！但那個條件非常非常困難。

以下再看這個例子，現在我們想像社會上有甲、乙、丙、丁、戊五個人，有沒有Condorcet優勝者呢？有的，要長這個樣子。如圖1-6。

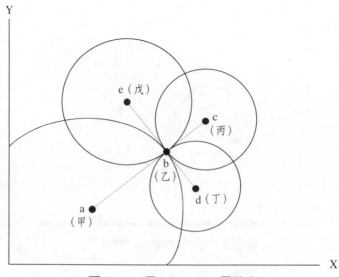

圖1-6 b是Condorcet優勝者

　　圖中b是Condorcet優勝者；但是b有一個特殊性，就是b在任何一個面向上，你可以發現到在它的兩邊贊成跟反對就剛好抵消掉。換句話說，就丙而言，他希望愈靠近c，就甲而言，他希望愈靠近a，所以b那一點如果沿著虛線移動的話，有一方會高興另一方就會反對。同理可證ed的情況。所以Plott在一九六七年的文章告訴我們，要把Black的「中位者投票定理」推論（generalize）到兩維以上的時候，是非常困難的，困難到幾乎不可能成立。

　　所以，等於是反過頭來告訴我們，Black的「中位者投票定理」一維的假設，事實上是滿關鍵的假設。

五、McKelvey的無中位者假設

　　Plott告訴我們：Black的「中位者投票定理」是Arrow「不可能定理」的一個例外，但是他立基在一維的這個假設是滿關鍵的，如果是兩維的話，幾乎是不可能的。換句話說，在二維空間裏，要剛剛好找到Condorcet優勝者，一般來說是不可能的事情，除非剛剛好長得很特殊。McKelvey在一九七六年的時候，對Black的假設進一步做推展。「假如萬一不存在Condorcet優勝者的話，情形又是如何呢？」這是McKelvey的問題。他一九七六年這篇文章是很有名的文章，但是McKelvey這篇文章是在他研究生時代就寫成的。

　　我們舉個例子來看一下：為了某個理由，上級給地方政府補助一千萬元，現在這個小鎮有北、中、南三個地區，這三個地區各有一位民意代表，他們要討論如何分這一千萬元。我們

曉得第一個：這個問題是二維（two-dimension）的問題。爲什麼是二維呢？因爲假設北區分到x萬元、中區分到y萬元、南區分到z萬元，x+y+z=1000，既然方程式是這樣的，那麼這個問題很顯然就只有二維的自由度（two degrees of freedom）。

現在，北區說我們三個平分嘛！三區的分配是（$333\frac{1}{3}$, $333\frac{1}{3}$, $333\frac{1}{3}$）。這是不是一個均衡的解呢？不是的。因爲底下這個方案就可以把上面這個方案打敗：比如說北區拿五百萬元、中區拿五百萬元、南區我們不要給他半毛錢，整個解變成（500, 500, 0）。兩票對一票，這個方案很顯然可以打敗上面那個方案。那（500, 500, 0）是不是均衡的方案呢？也不是。因爲南區對這個方案很不爽，他對北區說我給你多一點，你拿七百萬元、我自己只要拿三百萬元就好了、中區那個討厭鬼我們一毛錢都不給他，所以（700, 0, 300）這個方案又獲勝！那這個方案是不是最後方案呢？很顯然也不是。因爲最上面那個（$333\frac{1}{3}$, $333\frac{1}{3}$, $333\frac{1}{3}$）的方案又可以擊敗這個方案。這就是McKelvey很有名的混沌理論（Chaos Theorem）。這告訴我們，沒有Condorcet優勝者的話，結果是任何可能都會發生；而且他證明，你要什麼樣的好感，我就可以給你什麼樣的好感，只要經過像這樣一連串的投票程序。McKelvey進一步推展：假如找不到Condorcet優勝者的話，模型會不斷的循環、亂七八糟。

McKelvey的發現，引伸出好幾個結果，第一個是「政治沒有均衡解」。第二個，在這個例子裏面，可以發現投票程序非常重要。（500, 500, 0）先跟（$333\frac{1}{3}$, $333\frac{1}{3}$, $333\frac{1}{3}$）來比、再跟（700, 0, 300）比，與（500, 500, 0）先跟（700, 0, 300）來比、再跟（$333\frac{1}{3}$, $333\frac{1}{3}$, $333\frac{1}{3}$）來比，結果是完全不一樣的。因此，投票的結果是取決於投票的程序。既然如此，每個人就有

一個誘因，要控制投票程序。相較於Black的「中位者投票定理」，他有一個方案是擊敗所有方案的，所以你怎麼操控程序都沒用。

我們到現在，都假設人在投票的時候，是眞誠的投票（sincere voting），我喜歡誰就投誰。所以McKelvey的發現所造成的第三個結果，就是我們發現，「眞誠的投票」不見得是有利的，我們反而要採取策略性投票（strategic voting）會比較有利。底下就舉一個例子，這個例子是滿有名的。

六、策略性投票

一九五〇年代中期，美國聯邦政府在地方政府的初級和中等學校教育上，幾乎沒有任何角色扮演（就是沒有給錢），當時掌控國會的民主黨想通過法案改變此一現狀，讓聯邦政府能對地方政府教育事務進行一些補助，以便對其地方事務進行干預。民主黨在其佔絕對多數的眾議院「教育委員會」提出財政補助法案，但是該委員會民主黨的第二號人物Adam Clayton Powell（紐約州選出的黑人眾議員）說：「補助可以，但是要提出修正。如果地方政府（主要指南方各州）繼續實行種族隔離政策的話，一毛錢都不給它！」要求補助只限於沒有實施種族隔離政策的地區，此修正案即是有名的"Powell amendment"。

依照眾院的法案表決規則，修正案必須先和原提案進行表決（原案是「補助沒有任何限制」，修正案是「補助可以。但是實行種族隔離的那些州，不給任何補助」），贏的法案再進行表決決定是否通過。投票結果如**表1-2**。

表1-2　Powell修正案

贊成或反對修正案 （原案vs.修正案）	贊成或反對修正案 （不補助vs.修正案）		
		贊成票	反對票	總票數
	贊成票	132	97	229
	反對票	67	130	197
	總票數	199	227	426

　　當原案跟修正案對決的時候，贊成（修正案）票有二二九票、反對（修正案）票有一九七票，換句話說，修正案通過。也就是當「有限制的補助」跟「沒有限制的補助」對決的時候，「有限制的補助」獲勝。

　　而贏的要跟現況（完全沒有補助）做比較，投票結果是贊成（修正案）的只剩下一九九票、反對（修正案）的有二二七票。反對修正案的獲勝，所以最終的結果是不予補助，也就是回到現狀。

　　我們可以看到投票程序裏面，九十七票這些人是在第一回合的時候，贊成修正案，但是在第二回合時候是反對修正案的。爲什麼呢？這就是我們剛剛講的「策略性投票」。

　　我們知道在立法的文獻上有一個叫作「殺手修正案」（killer amendment）。爲什麼叫「殺手修正案」呢？就是這個案子本來有機會過關的，但是經過修正之後，就毫無機會過關了，這樣的修正我們叫作「殺手修正」。這九十七人是共和黨的議員，他們基本上就不贊成聯邦政府應該要介入地方政府的教育事務場合，因此他們在投票上就採取策略性行爲。Powell這個法案就類似我們剛剛所講的「殺手修正案」，聯邦政府對地方政府補助教

育經費的這件事情，可能大家都贊成，民主黨裏面可能會團結起來讓這個議案通過。但是現在一修正，我們曉得，當時民主黨議員很多所在的這些南方各州，就是在實行種族隔離政策的，所以南部各州的這些民主黨議員很顯然不會投票給這個法案。所以這些共和黨議員就採取一個策略性的行為，在第一回合的時候支持修正案，讓這個修正案通過。在當時，這個修正案是個很極端的法案。所以一旦這個修正案通過的話，在下一回合的時候，民主黨的勝算就比較小了；這個策略性的行為就是故意讓一個極端的法案通過。

在台灣，各黨的地方選舉不是有民調嗎？你可以想像一下，假如我是一個國民黨黨員，你民進黨來問我民調的時候，我可能選一個極端的候選人，讓他的民調支持比較高。因此這極端的傢伙出線的話，跟另外一黨的對決，他反而沒希望。這個例子就跟剛剛那個例子差不多。

話說共和黨議員這九十七票採取策略性行為，那為什麼民主黨議員就笨笨的不採取策略性行為呢？這就牽涉到一個弔詭。想想看，這麼一個法案，有它的正當性在，如果投下反對票，就代表你是贊成種族隔離政策啊！所以那些民主黨議員可能明明知道這個法案是殺手修正案，這個法案太極端了可能不會過，但是在第一回合的時候他仍不得已必須投下贊成票，否則無法向選民交代。

而台灣的「棄保效應」，很顯然就是選民的策略性投票行為。當王建煊跟馬英九同時參選，你明明很喜歡王建煊，但你不會投給王建煊。因為馬英九跟陳水扁競選很激烈，我這一票投給王建煊的話，是浪費我這一票，所以我就會棄保。跟上次高雄市長選舉的時候一樣，我們曉得張博雅的票一定是滿多

的，但最後為什麼她的票變成非常少？很顯然也是棄保效應。因為黃俊英跟謝長廷兩黨的競爭很激烈，我雖然很喜歡張博雅，但我是泛藍選民的話，我覺得投這一票是浪費票，所以我就會自動放棄投給張博雅。

在文獻上，有一個很有名的問題：有沒有可能找到一個機制，讓這些人真誠的告訴你他喜歡誰？

我們曉得，在民主社會，公共的決策很顯然就是仰賴於需求（depend on the needs），所以要知道大家的看法、想法。但是，大家的看法、想法是分權的（decentralized），這個訊息是分散在社會各個成員的身上；做決策的人並不太清楚。比如說你喜歡馬英九還是喜歡王建煊，只有選民自己最清楚。所以，Gibbard和Satterthwaite又告訴我們另外一個著名的不可能定理：「假設社會成員有三人以上，選擇方案也有三個以上，另外假設社會成員的偏好可以各式各樣，則找不到非獨裁式的機制保證社會成員會提供正確訊息。」換句話說，你要找到一個機制，讓大家告訴你看法、想法，這件事情是辦不到的。與Arrow的「不可能定理」一樣，這也是一個在民主社會裏面滿負面的訊息：找不到任何的機制可以蒐集到正確的訊息。

所以，有一陣子，大約在一九七〇年代，有許多研究政治經濟學這門學問的學者是滿悲觀的。因為這兩大定理就投下很大的變數，等於是你要做公共決策的話，找不到機制來決定出共同的社會偏好，也找不到機制可以蒐集到正確的訊息。但是大約在一九七〇年代末八〇年代初，整個社會就開始有了一個新的轉折。

Black的「中位者投票定理」告訴我們，只要我們對於偏好做某種限制（例如一維、單峰），那麼我們就可以走出Arrow的

不可能定理。在政治經濟學上也有另外一條路徑：只要我們對
於偏好做出「準線性」（quasi-linear）的限制，我們就可以讓他
心裏想什麼東西，就告訴我們什麼東西。這個機制就是很有名
的「Vickrey-Groves-Clark定理」。這個大概是一九七〇年代末期
很有名的，細節我就不談了。

　　接下來我談另一個方向的問題。從Arrow的「不可能定
理」，發展到Black的「中位者投票定理」，進一步McKelvey說：
假如沒有Condorcet優勝者的話，整個會亂七八糟，任何可能都
會發生；而Gibbard和Satterthwaite又告訴我們：政治的東西事實
上是混沌的。所以你可以想像，在這麼一個理論世界裏面，政
治是很不穩定的，隨時可能有一百八十度的大轉變，但是
Tullock在一九八一年問了一個關鍵性的問題，他的標題就是：
"Why So Much Stable?" 他說，你們理論世界是任何可能都會
發生，但我觀察到的現實世界不是這樣。現實世界是滿穩定
的。所以很顯然，你們理論一定是有些錯誤。它的問題就引起
學者進一步的思考：對呀？為什麼是這個樣子呢？

　　Shepsle在一九七九年發表一篇滿關鍵的文章，他以美國國
會為例子，我們曉得美國國會跟台灣國會一樣，裏面有各種委
員會的設立，他以這個為例子，說明現實政治的民主社會，不
是單一多數可以涵蓋的。換句話說，之前的理論，都把民主政
治想成簡單多數決，但是民主社會很顯然是遠為複雜的（much
more complicated）。一個法案要通過，在美國國會有「程序委員
會」可以決定要不要把這個案子提出來，提出來之後再由各個
委員會討論，看要不要修正、提出於大會等等，是很複雜的。
在二維的問題裏面，有一個「教育支出」、一個「國防支出」。
但現實上不是「教育支出」跟「國防支出」同時拿出來做表

決，現實世界是「教育支出」由「教育委員會」在管、「國防支出」由「國防委員會」在管。所以，這篇文章的基本思想就是：民主社會有一些建制（structure），限制了單一多數的不穩定性。

相對而言，就有兩個均衡，其中一個是「誘導優先選擇均衡」（preference-induced equilibrium），像是Black的「中位者投票定理」，它是怎麼樣得出一個優先選擇呢？它是對「偏好」做限制。假設偏好的「一維」、「單峰」，然後得出一個解。這樣得出來的均衡，在文獻上叫作「誘導優先選擇均衡」。就是在偏好上下功夫，得出一個穩定解。

Shepsle一九七九年的這篇文章，不是從「偏好」上下手的，他是從「制度」上下手的：加進一些制度上的因素，這些制度上的因素讓簡單多數無法隨時發揮，等於是降低它的不穩定性。這樣得出來的均衡，文獻上稱作「誘導建制均衡」（structure-induced equilibrium）。

後續上的文章發展就很多了。Shepsle的這篇文章，讓大家體會到之前McKelvey的亂七八糟，都是簡單多數決，但民主社會事實上不能用簡單多數決加以刻畫，民主社會是更加複雜的。很顯然地，必須要加進一些制度：這就發展出一堆文獻，像是Romer和Rosenthal在一九七八年和一九七九年提出的議程排序（agenda setter）模型，這就是限制了提案人。我們曉得Black的「中位者投票定理」裏面，它事實上是有一個假設，造成了Condorcet優勝者的出現，就是「所有議案都能被提出來做兩兩對決」，那我們知道現實社會不是所有的議案都能夠被提出來的。立法院有一個兩黨必爭的「程序委員會」，它可以決定在這個會期裏面哪些議案可以被提出來討論（優先法案），這個委員

會很顯然就是滿關鍵的委員會。議程排序（agenda setter）就是類似於這樣的模型。Romer和Rosenthal他們一個是理論、一個是實證，他們以奧瑞岡的一個教育經費為例，發現到控制程序的傢伙（agenda setter）是很有力的，因此提出這個模型。

另外有一個Baron和Ferejohn在一九八九年提出的談判（majoritarian bargaining）模型。比如說我們三個人要分一塊錢，我先提議要怎麼分，只要獲取兩票的話，這個議案就過了；沒有獲取兩票的話，下一回合輪到另外一個人來提案。

還有一個Grossman和Helpman在一九九四年和一九九五年提出的關說（lobbying）模型，就是你要讓這個法案通過，要樂捐多少錢（等於在賣這個法案）。這三個模型，變成現在研究政治經濟學的救濟院（work house），像是引擎一樣，很多的理論或實證都是出於這幾個模型。這幾個模型，都會有所謂的「均衡解」存在，而有均衡的解，我們就能夠做一些分析。這幾個算是滿有名的模型。

我今天就談到這裏，最後要進行一些評論。這幾個模型，基本上就是Shepsle他一九七九年的那篇文章給大家一些想法：不要只看簡單的模型，加進一些制度上的因素，你就可以有一個穩定的解產生。這些制度是怎麼來的呢？在文獻上都假設是「外生」的，比如說Shepsle他一九七九年的文章是以美國國會為例，而美國國會有各種委員會的設計，加進制度，就會讓簡單多數決的不穩定性降低，而且可以得到一個均衡解。這個在文獻上叫作「慣例式均衡」（institutional equilibrium）。

假如我們進一步問一個問題：這些制度是怎麼來的？比如說美國國會、台灣國會為什麼有這些委員會的設計？因為Shepsle發現，加進不同的制度自然會帶來不同的結果。假如不

同的制度自然會帶來不同的結果的話，就一個私人而言，我就
會想要去影響制度的選擇。這就進一步產生「內生制度」的問
題，這在文獻上叫作「均衡式慣例」（equilibrium institutional）。
這個問題據我瞭解，在文獻上至今仍沒有一個很好的解答。因
為假如把「制度的選擇」變成一個變數的話，那麼Allow的「不
可能定理」，仍然會適用。也就是說，你要依慣例建構一個社會
優先選擇（social preference）是不可能。所以文獻上目前的發
展，都是讓制度外生，讓它找到一個均衡；假如你進一步追
問，這制度是內生的話，為什麼會產生這個制度、而不是另外
一個制度？這個問題在文獻上雖然有人做研究，但據我瞭解還
沒有一個被普遍接受的解答。

（責任校稿：康景翔、陳奕均、萬惠雯）

參考文獻

Arrow, Kenneth J. (1951). *Social Choice and Individual Values*. New York: John Wiley & Sons, rev. ed. 1963.

Black, Duncan (1948). On the Rationale of Group Decision Making, *Journal of Political Economy* 56, February, 23-34.

Buchanan, James M. & Gordon Tullock (1962). *The Calculus of Consent*. Ann Arbor: University of Michigan Press.

Downs, Anthony (1957). *An Economic theory of Democracy*. New York: Harper & Row.

Drazen, Allan (2000). *Political Economy in Macroeconomics*. Princeton University Press.

Mueller, Dennis C. (2003). *Public Choice III*. Cambridge: Cambridge University Press.

Niskanen, William A., Jr. (1971). *Bureaucracy and Representative Government*. Chicago: Aldine-Atherton.

Olson, Mancur, Jr. (1965). *The Logic of Collective Action*. Cambridge, MA: Harvard University Press.

Persson, Torsten & Guido Tabellini (2000). Political *Economics-Explaining Economic Policy*. Cambridge, MA: MIT Press.

Rowley, Charles K. & Friedrich Schneider (2004). *The Encyclopedia of Public Choice*. Dordrecht: Kluwer Academic Publisher.

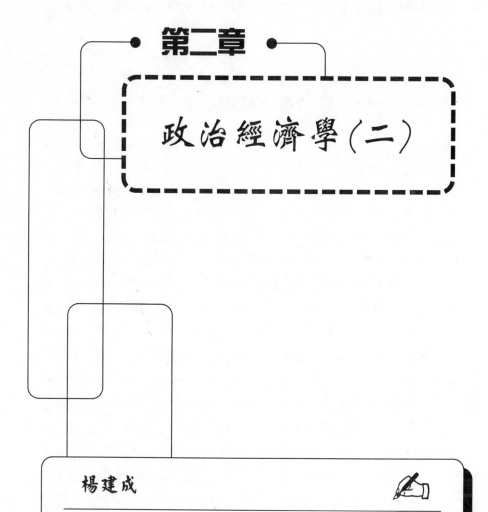

第二章

政治經濟學(二)

楊建成

學歷：維吉尼亞理工大學經濟學博士
現職：中央研究院經濟學研究所特聘研究員
研究專長：公共經濟學、政治經濟學

一、政治經濟學之議題

　　很高興再來談論，上次談到的就是一本書而已，就是Arrow的不可能定理。我們從Condorcet不可能定理，談到Arrow的不可能定理，談到Black的中位者投票定理，然後談到Plott和McKelvey的發現。這些東西我覺得可能發展在一九九〇年代或七〇年代或六〇年代，算是屬於「公共選擇」（public choice）方面，我個人覺得是相當精彩的部分，也是相當基本的部分。

　　這個文獻發展到最後的時候，我就發覺這單一多數（simple majority）將會帶來滿不穩定性的影響，就是單一多數這個東西要得到一個均衡的解釋，事實上不是那麼容易的，所以文獻到一九七〇年代末期的時候，就開始慢慢認識到說這樣一個東西要解釋到現實的話，勢必還要一些別的東西，光靠單一多數這些東西要來預測現實的現象，很顯然是不太夠的。所以從大概一九七〇年代末期、八〇年代開始之後，就慢慢引伸出建構獨特的設置（structure individual equipment）。建構獨特的設置是加進一些制度上的因子，把單一多數的不穩定性變得比較具有穩定性。

　　像我上次最後所說的，不同的制度會帶來不同的結果，很顯然不同的人對不同的結果會有不同的偏好。不同的制度會帶來不同的結果；同樣的，不同的人對不同的制度也會有不同的偏好，這就延伸到為什麼這個制度會被採用，而不是那個制度。延伸到這個制度的內生性問題，這就是一個比較大的問題，但是研究上有人嘗試的要去解決這個問題，據我個人瞭

解，到目前爲止都還不是很成熟，都沒有一個概括性的理論（general theory）。因爲你想想看，不同的人對不同的制度有不同的偏好的話，這基本上就能用到Arrow的不可能定理，所以轉來轉去，事實上等於還是逃不出Arrow的不可能定理的範疇。

今天呢我們要談到的是另外一本書，也是很有名的，就是Downs在一九五七年的時候寫的一本書叫 *An Economic Theory of Democracy*"，也就是《民主的經濟理論》。Downs是Arrow的學生，所以很顯然，Downs對Arrow的不可能定理相當熟悉，因爲他是他的學生，當然熟悉。這本書在一九五七年出版的時候，對政治學界造成一股相當大的衝擊，很多位政治學者看到他的書之後，都深受他的影響。當時他一個分析的手法，像是空間競爭模型，對政治學者算是一個有興趣的東西。他這本書算是相當不錯。

一開始我先從Hotelling來講，Hotelling在一九二九年的時候發表一篇文章，他這篇文章主要在觀察，很多商店都會聚在一起。像台灣有家具街、百貨街。也就是說爲什麼相同的商店會聚在一起。Hotelling就設計模型要來解釋這個現象。Downs在某種程度來講，就是把Hotelling的模型轉換來應用解釋美國的兩黨政治。

二、國會投票

由這概念，Downs就點子的創新上並不是那麼高，但是因爲他寫得很好，手法很細，在他的點子上來說，假如眞正追究起來，應該歸咎到Hotelling有類似的想法。但是Downs把他的概

念應用在解釋政治現象，我們看一下他的分析手法應該是這個
樣子。

　　他第一個假設：所有政治議題可以縮減成一維的意識形態
問題，如有左派、右派、中間路線等。在台灣的話，有時候這
個問題可以牽涉到統獨的問題，就是一維的問題；第二個假
設：就是說選民的偏好可以形成所謂的單峰形態（single-
peakedness）；第三個假設：是很有名的，他常常設定的假設，
就是說一個政黨形成一個政策、政見，它主要目的是要勝選，
所有的政見、意見都是爲勝選而服務的工具；換句話說，政黨
本身對政策並沒有特殊的偏好，所以既然是這個樣子的話，等
於說這個政見可以把它看成一個選擇的變數一樣，你要選擇在
哪裏？要靠左、靠右？假如現在的民眾都比較靠右的話，我就
可以選擇在右；假如現在民眾偏向比較左，我就跟著向左。換
句話說，這個政黨所提出來的政見完全是爲了勝選，而把這個
政見當作一個工具在應用。但你想想看：第一個，它是一維；
第二個，每個選民都是單峰形態；第三個，政見是政黨的一個
選擇變數。所以就可以應用到我們前面所講的Black的中位者投
票定理。這兩黨的政見會怎麼選擇呢？很顯然的，它會選擇中
位者最偏向的政見，爲什麼呢？因爲那個政見是一個Condorcet
優勝者，什麼是Condorcet優勝者？就是說，任何政見遇到
Condorcet優勝者都會被打敗。所以Downs就運用這概念，解釋
兩黨政見都會取中道向中間路線靠攏。

　　如果是兩黨政治，兩黨政見是互相衝突，會產生此現象，
如在美國看起來是兩黨，但基本上政見是大同小異；或是像英
國的政黨裏面，會發覺到被打敗的政黨，如以前的工黨，它會
向保守黨政見靠攏。換句話說，這兩個政黨的政見都會向中間

靠，這是他一個很有名的理論。

　　Calvert在一九八五年的一篇文章中提到我們其中一個假設：政見是為了勝選的一個工具，這一點有很多人懷疑。因為你想想看，像台聯黨，它的政見是為了勝選而已嗎？可能並不見得，在意識形態裏面倒過來，它就是要爭取台灣獨立；換句話說它的政見、它的看法就是好。

　　從另一個觀點來看，假如一個政黨像牆頭草，左邊比較好它就選左邊，右邊比較好它就靠右，那麼選民之所需在哪裏！這就等於一個政黨沒有信用！現在有一個問題：Downs的模型當中，背後有一個假設，就是說，那它選後呢？一定會提出執行它政見的看法，我們曉得現實狀況可能並不會是這樣。競選的時候是一套，選後上台又是另外一套，因為這有一個時間一貫（time consistence）的問題。競選的時候，他認為是一個好的政見，等到執政的時候，現實狀況種種的因素使得這個政見搞不好變成一個不是很好的政見，換句話說，有一個選前跟選後的問題。

　　Calvert有一篇文章，主要是說明即使這個政黨本身有政見偏好的話也無所謂。他主要證明，這兩個黨還是會向中間靠攏，詳細狀況我就不談了。

　　Downs所提出來這個模型，最吸引政治經濟學者的地方：它是一個空間競爭的模型。像我們前面看到的那幾個圖形，事實上是在一九六七年發展出來的，像Black，而McKelvey是在一九七三年，這都是在Downs之後發表出來的文章，所以說，Downs給政治經濟學者看出來是說可以做出，到目前為止，很多政治經濟學者都採用這樣的分析。那麼底下是空間的分析，讓我們有一個概念來分析一下國會投票的問題。

　　我們剛看到的那個模型背後，Downs預測會往中間靠攏。
他有一個假設：那就是所有的議案都會被提出來，或所有議案
碰到它都會被提出來兩兩對決，我們曉得什麼是Condorcet優勝
者，Condorcet優勝者就是說所有議案被提出來都會被它打敗。
但你們想想看現實中有些議案並不會被提出來。像立法院有一
個程序委員會，程序委員會就是在控制哪些議案會被提出來！

　　所以在現實裏面，假如所有的議案被提出來而充分表決的
話，這在文獻上我們叫作開放規則（open rule）。Black的中位者
投票定理告訴我們，中位者偏愛的那一個政策，會是個
Condorcet優勝者，但我們曉得在一維假設下是這樣，現實政治
卻不是這樣。

　　國會裏面有各種委員會，如司法委員會，它會先討論一下
哪些議案會被提出來。有一個東西叫「把關權力」（gate keeping
power），gate就是一個門，也就是它是這些議案要不要被提出來
的門檻，這些國會的委員會往往有這個權力，如程序委員會或
司法委員會。它會認為哪些議案比較重要？哪些議案對自己黨
比較有利？才會提出來讓大家表決，不然就不會提出來表決。
最近就有一個案例，這個案例就是說，最近總統要到國會做諮
詢報告，不過立法院的程序委員會就把它否決掉，說這個議案
不宜討論，這就是把關權力，所以這個議案連門都出不去。

　　國會裏面的委員會還有另一種權力，這種委員會的權力叫
作壟斷權力（monopoly power），壟斷權力意思是說：我提出這
個議案之後在不准修正的情況下，讓你們來表決，只有贊成這
個議案或反對這個議案兩種，所以這種表決規則叫壟斷權力。
在文獻上，壟斷權力和把關權力這種表決規則都叫作不開放規
則（closed rule），換句話說，不開放規則這個東西賦予各種委

員會相當大的權力，哪些議案我要提出來、哪些議案不被提出來，做表決！而提出來的議案只有我能提，你們都不能提。

底下我們利用這個案例來分析一下，圖2-1就是說不同的路會帶來怎樣的後果？底下分析的例子，我們假設0跟1代表各種議案，靠近0的議案比較接近左派，而靠近1的就比較接近右派。換句話說有各種不同的議案，當假設每個議員都分配一個議案，就是單峰形態（single-peakedness），那我們曉得應該是一維，而且每個議員的時間都是單峰，且每個議員有他最喜歡的議案，移開他的議案，不管是向左或向右，他都變得比較不喜歡。

那麼假如是這個樣子的話，我們來分析看看。我們假設現在有一個現狀X_0，像我們上次討論的那個案例，就是美國在一九五〇年代，聯邦政府對地方政府完全沒有補助這個現況，我們把它叫作X_0。而X_m就是說，這些國會議員當中有一個中位者，每一個人有他最喜歡的點，依照那個最高點，我們把它排列下來，中間那個人最喜歡的議案我們把它叫作X_m。而X_1跟X_m的距離等於X_0跟X_m的距離。那麼中位者最喜歡的是X_m，單峰的形態是對稱的形態。換句話說，向右邊走跟向左邊走長得很對稱，既然長得很對稱，就代表對這個中位者而言X_0跟X_1是相同的。換句話說，他最喜歡的議案是在X_m，以X_m為中間這是他的最高點，向兩邊走的話就愈來愈差，這個形態是一個對稱，所以就表示X_0帶給他的效用跟X_1帶給他的效用是一樣高，X_1、X_0

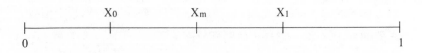

圖2-1　委員會和大會希望議題移動方向相同

是無差異,對他來說是一樣好。

　　那麼底下來分析一下,這樣的架構,裏面X_0是一個現狀,X_m是中位者,假如是開放規則的話,所謂開放規則的意思就是說,0到1當中的任何一個點都代表一個議案,任何一個議案都能夠被提出來做表決。那麼Black的中位者投票定理告訴我們:最後的那個案子,被穩定下來的案子就是X_m,中位者最喜歡的議案,都會變成Condorcet優勝者。Condorcet優勝者一出現的話,所有其他的議案都會被打敗,所以假如是開放規則的意思就是說,0跟1當中的任何一點都會提出來跟X_0做表決,或與剩下的做表決。最後做表決的,就是X_m。

　　那底下就分析一下假如不開放規則的結果會怎樣?我們看一下這裏有一個關鍵,假如這個中位者喜歡哪一個議案的話,這個議案就會打敗另外一個議案,為什麼呢?因為我們假設是單峰(single-peakedness),中位者是什麼意思?中位者就是說:在中位者的左邊當中,有一半的人是比較喜歡(等於說是靠近)中位者的想法就對了。

　　譬如說我們假設中位者是X_1,現在有一個議案來跟X_1做比較,假如中位者喜歡X_1超過另外一個議案,X_1就會贏。為什麼X_1會贏呢?我們想想看,假設現在有個委員會,這個委員會它就提出一個議案,這個議案我們把它叫作X_c,X_c介在X_1跟X_m中間,假如是這個樣子的話,當這個X_c跟X_0在做比較時,X_c這個議案就會贏,為什麼X_c會贏呢?你想想看,第一個中位者喜歡X_c,因為X_c跟X_0在做比較的時候,X_c這一點是比較靠近中位者喜歡的X_m那一點。它是一個對稱分配形態。

　　我現在假設X_c是介在X_m跟X_1中間,X_0跟X_1帶給中位者這個效度尺度一樣,當X_c是介在X_1跟X_m中間時,就表示它比較靠近

X_m，所以X_c跟X_0這兩個議案來做表決的話，中位者喜歡哪一個議案呢？答案是喜歡X_c這個議案。一旦中位者喜歡X_c這個議案（中位者是什麼意思？中位者是說有一半的人在它左邊，有一半的人在它右邊），就表示X_c跟X_0來做比較，有一半的人事實上也會喜歡X_c，所以X_c就會打敗X_0。

關鍵就在於中位者明明就是喜歡X_m，但是假如我有一個壟斷權力的話，我這個委員會就提出一個議案，這個議案就是X_c。X_c是介在X_m跟X_1中間。換句話說，他就不提出X_m這個案子，他就提出一個X_c，這個X_c是介在X_1跟X_m中間，讓這個大會在X_0跟X_c當中做選擇，這個情況下，這個大會只能就X_0跟X_c兩者來做選擇，無可奈何之下它就只有選擇X_c，換句話說就不會選擇X_m。

也就是指在不開放規則的投票規則下，結果會有不同。令委員會的提案為X_c，如果$X_0<X_m<X_c$，則委員會和大會都希望朝X_0的右邊方向移動（大會以X_m代表之，因為在開放規則下，大會最終勝出的即是X_m），結果可能發生$X_m<X_c$的情形，即委員會的提案超過大會最偏愛的X_m：在維持現狀X_0和接受委員會X_c的提案之間作選擇，只要$X_c<X_1$，大會會投票贊成X_c而投票反對X_0，即在接受委員會提案X_c和維持現狀X_0之間表決，委員會提案會勝出，且$X_m<X_c$。

那麼現在我們看下面另外一個案例，圖2-2這個案例現狀是X_0，中位者喜歡的是X_m，然後委員會喜歡的案子是X_c。大會希望向X_m那邊走，換句話說，中位者向左邊走，現狀是X_0，所以大會希望向X_0左邊走，這個委員會希望向X_0的右邊走，當他最喜歡的案子在X_c，這時候怎麼辦呢？這時候委員會就使用把關權力，不讓這個案子提出來，如果讓這個案子提出來，這個案

子就無法做表決了，一旦表決的話，它會走向X_m。這個案例我只是說明一下，在立法院採不開放規則的話，那麼整個結果就是X_m不見得會出現。

你可以簡單想一想，就是說只有委員會能提案，還有我有權力讓哪個案子來表決，這就賦予委員會相當大的權力。文獻上就有一個問題，為什麼在國會制度裏面有些案子要採用不開放規則？換句話說，為什麼賦予委員會（譬如說程序委員會）這麼大的權力？

你想想看，假如這個委員會裏面那個小的委員會沒有把關權力或是壟斷權力，最後一個結果就是中位者X_m。換句話說，這個委員會根本就沒有權力，假如這個委員會根本沒有權力的話，它就沒有本錢跟利益團體做交換，所以這就是說，國會當中的設計有這樣的制度，主要原因就是讓這個委員會有一個權力，藉由這個權力，委員會就可以跟利益團體做交換，那麼各個委員會之間可以做利益交換，也就是說，你司法委員會那邊的好處你司法委員會去拿，我交通委員會的好處我交通委員會去拿。

那麼假如各個委員會都有這個權力，最後的結果就不一定是X_m中位者。國會有這樣一個設計，賦予這個委員會這麼大的權力主要就是說方便利益的交換，假如採用開放規則的話，它就沒有這個權力。換句話說，各委員會所審查的案子到大會裏

圖2-2　委員會和大會希望議題移動方向相反

面還是X_m。有另外一個故事，就是一九九一年Clavert的故事，他的故事就稍微不一樣，他的故事是說一個法案推行制度，它的表現好壞如何？事實上有相當大的彈性，相當大無限的不確定性行為，為什麼賦予委員會那麼大的權力，主要就是讓這些國會議員能夠專心研究提出一個優質的法案，解決降低這個不確定性。換句話說，法案本身是怎麼樣呢？事實上是有相當大的不確定性，為什麼賦予委員會那麼大的權力？就是讓那些委員會的委員能夠專心研究，譬如司法委員會專心研究司法的案子，提出的法案就是比較優質的法案，你可以想想看假如是不賦予委員會不開放規則的話，一個案子，司法委員會研究了半天，到大會裏面，大會給它亂修一通，反正當時討論我也沒有參加，我只是覺得這個不好就給你亂修，這樣的話委員會的權力就很小，因為他提出的案子到大會裏面被人家亂修。

所以從這個角度來看的話，Clavert認為，賦予委員會這個權力的主要原因，就是說有點「必要之惡」，要賦予他這個權力，他才會專心做研究，假如不賦予他這麼大的權力，大會給他亂修，那麼我當初為何花這麼多心血做研究。

三、三權分立

另外有一個有趣的問題也可以用空間模型來做分析，這有一個模型也是三權分立的問題。跟前面的故事一樣，圖2-3就是說所有的議題都在0和1當中，現在有一個問題C，C代表國會最希望推行的政策，而P代表的意思就是總統或行政當局最希望推行的東西，L就代表行政跟立法，等於是妥協下的產物。

　　換句話說，在0跟1當中有很多的意見。C是國會最希望執行的一個方式，P是總統或行政當局最希望執行的一個政策，L是中間一點，你可以把它想像成是立法跟行政妥協後的這個結果，那麼傳統對司法機關的看法就是解釋法案的最後一個權力者。你想想看假如是司法單位，它最理想的案子是在那一點J，假如它是行政立法最高單位，它要做什麼解釋就做什麼解釋的話，那麼我可以把它解釋成J。換句話說，我可以把法案的內容解釋成說事實上是這個意思，不是L那邊，那你想想看，這時候就有一個問題產生，因為他一做這樣子的解釋的話，就離開前面那個立法那一點太遠了，明明我行政單位最喜歡的是P那一點，立法院最喜歡C那一點，硬把它解釋成J。

　　這會產生一個問題，J離行政立法太遠了，所以這時行政立法聯合起來反對司法單位，所以雖然司法單位最喜歡的點是J，它的理想點是：他認為整個社會現象應該是J，但是最多他只能把它解釋成P那一點，換句話說，雖然法案是L那一點，他可以解釋成P那一點，解釋成P那一點，代表的意思就是說行政方面最喜歡的P那一點，所以他至少不會引起行政跟立法聯合的反彈。那麼這裏又有一個疑惑。你想想看行政跟立法，假如他們之間的距離愈小，譬如說你想想看，P跟C那兩點，我們現在想像說這兩個單位看法一致，看法一致的意思就是C跟P那一點很靠近，讓J那一點愈沒有權力，因為我兩個單位的看法相同，你

圖2-3　三權分立

的解釋就不能太離譜。但是這樣講，假如兩個單位偏離愈大，就讓司法單位的解釋空間愈大，最近不是有眞調會嗎？假如行政跟立法兩個單位對事情的看法差距愈大的話，事實上這容許司法單位有愈大的空間去運作它的權力。

四、Niskanen獨佔官僚

那麼我們下面講的是那個Downs的貢獻，除了空間見證模型以外，我們下面談到它有另外一個Niskanen分析，Niskanen是分析官僚的問題。在Niskanen之前，事實上有一些學者在分析，但是都沒有引起那麼大的衝擊，那麼Niskanen算是在民主方面相當有影響力的，他那時候那本書一出來，引起很大的一個反響，我們瞭解這也是他的一個博士論文。Niskanen怎麼看這問題呢？我們看一下，Niskanen看的問題是這樣，他用一個很簡單的模型來分析政府大小，還有政府效率的問題。

他假設官僚的目標是什麼東西？他假設官僚的目標就是要極大化他分配到的預算，爲什麼這樣呢？他爲什麼希望他的預算愈多愈好呢？因爲他的預算跟他的3P：pay（報酬）、power（權力）、prestige（地位），都要是正相關的一個單位，假如預算愈大的話，他的三P：pay、power、prestige就都是正相關的，所以他希望他的預算愈大愈好。我覺得Niskanen的分析很值得大家思考，你想想看因爲分析官僚的問題，基本上想像中應該是個很複雜的問題，那Niskanen發揮他這本書的影響力，就是說把那麼大的複雜問題縮小到只有兩個主角：一個就是「官僚」，要極大化他的預算，預算愈多的話，他的報酬、權力、地位也愈

大：另外一個是什麼東西呢？控制預算，就是「國會」。他把想
像中滿複雜的問題縮小到兩個主角身上，一個就是「官僚」，一
個就是「國會」。官僚就是要極大化他的預算，就是說官僚提供
的東西是一個獨佔的財貨，像以前的中油，他們都是就此一家
別無分店，像國防也是一樣，只有我可以提供國防，你們都不
能提供；只有我政府能提供警察，你們都不能提供。不能提供
就是獨佔，最大問題就是「無法比較」，不曉得他成本高還是
低，品質好還是壞。

　　一條街上假如有兩家商店，他們之間也會互相比較。那獨
佔呢？就無法比較，無法比較的話，你對他的成本就不是很清
楚。所以國會控制預算，官僚體系提供這個財貨的成本不是很
清楚。但反過來，國會代表的是人民來控制預算，他背後就可
以藉由理論、民意調查撐腰，官僚體系對國會，換句話說，對
這財貨有多大的需求一清二楚，所以相對國會而言，官僚體系
有一個訊息維度（information dimension）。換句話說，國會代表
人民的需求，國會對官僚體系提供這個財貨有獨佔的關係，所
以對他提供財貨的成本不是很清楚；第二個就是說官僚體系它
有一個提案的權力，意思是說由我來提，要不要是你家的事。

　　換句話說，他具有一個壟斷權力，也就是因為這兩個關
係，所以官僚跟國會之間，用一個經濟術語來說，官僚就好像
是一個獨佔、獨賣的人，所以他就會施行「完全差別取價」，把
那個代表人民的國會的效率陣營，完全拿過來，他有一個預示
（prediction），就是說政府的預算太過龐大，而且使用都是比較
沒有效率。

五、Miller-Moe雙佔模型

　　Niskanen之後有一篇文章，是Miller-Moe在一九八三年發表的，他認為在Niskanen模型當中，代表人民的國會就好像是待宰的肥羊一樣，官僚體系又予取予求，如果再有不清楚的話，提案是由我來提，所有的好處都把你拿過來。但是Miller-Moe就稍微把它修正一下，他說現實情況並不是這個樣子。雙方之間，有些東西我對你比較清楚，有些東西你對我比較清楚，所以他就把Niskanen那個好像本來是獨賣的關係變成一個獨賣跟獨買的關係。國會是一個獨買，我代表人民來控制預算，只有我來買，沒有人在買你的東西；官僚是獨賣，賣它的產品，所以就把它變成一個獨賣獨買的關係，而成了「雙佔模型」、「雙邊獨佔模型」，一邊是獨賣，一邊是獨買，所以那兩個權力就稍微比較平衡一點。

六、國會優勢論

　　這是在一九七○到一九八三年的時候，這一步是一個滿大的發展，之後就有一個更進一步的發展，就是所謂的「國會優勢論」。我們曉得在經濟學中，有一個主從關係的模型，雙方的訊息不確定、不對稱。Niskanen稱國會是待宰肥羊，Miller-Moe是雙佔模型，把它顛倒過來說，國會才是最主要的控制者，它裏面有很多的技巧，譬如說國會有很多手段可以控制外交體

系，它可以透過撥款、聽政來控制，而且官僚必須要聽從立法
的許多相關規定，官僚必須遵循國會立的預算法相關規定來向
國會要求預算，國會也可以對官僚體系預算使用情形進行「稽
核」（police patrol）。

　　他說國會控制官僚，事實上他有很多手段，如可以到處去
監督你，可以把你的預算叫出來去查一查，就好像警察去巡邏
一樣，有另外一個方法叫「告發」（fire alarm），意思就是說國
會提供這個預算給你，而官僚是要服務選民，選民有不滿的話
就向國會打小報告，說這官僚服務品質不好怎麼樣的。

　　換句話說，國會要監督官僚的方式有很多種，其中一種叫
「告發」，很顯然的是成本比較低的，不需要國會自己去查核，
選民就會來跟國會講說這官僚體系服務不好、太差怎麼樣。

　　所以哪一個比較重要，有人說國會才是主，它控制官僚體
系，有人說官僚才是主，官僚是很厲害的。一九八三年Weingast
和Moran的文章就提出一個實證檢驗（empirical test），在這篇文
章當中，他主要的測試的對象是美國的一個單位，就類似台灣
的公平會。他說美國的公平會這個舞台可以把它當成一個官
僚，一九七九年的時候，美國的國會對這個公平會就大力的介
入，對它有很多管制的權限且大力的限制，也就是說有些東西
你不能管，有些東西你要放棄管。公平會這個東西在一九七九
年的時候就被大力介入，對它的權限、權力就做了一個滿大的
限制，現在就有兩個問題，為什麼在一九七九年的時候國會對
這個東西做大力的限制？假如從Niskanen的觀點來看，他背後的
想法可能就是說，公平會因為擁有權力，它惡搞亂搞，搞到一
九七九年的時候，一個國會議員終於覺醒，就說這個你不能亂
搞，所以就對它做一個大力的限制。

　　但是假如從國會優勢論的觀點，他說主要就是國會的偏好改變、國會的想法改變，爲什麼國會的想法改變呢？因爲有些議員可能是退休了、有些議員可能是選舉落敗了，而有些新議員加入。這些新議員的想法跟以前舊議員的想法可能不一樣，既然是不一樣，所以就帶來一個很大的變化，換句話說，國會在一九七九年大力介入公平會，認爲它管得太多了。

　　我這篇文章就拿美國的利益團體（interest groups），對美國投票表現做評估。換句話說，這個國會的表現究竟是比較保守或比較自由，而對它做一個評價。美國在國會議員投票的時候，究竟是比較保守或自由，曾做一個評量表。

　　我這裏就把評量表找出來做分析，他主要的發現大概是這個樣子，就是說在一九七六到一九七九年當中，國會議員的組成變得非常保守，因爲他主要的研究對象是對參議院消費者的司法委員會，這個委員會是控制公平會的。他把這個消費者委員會組成的偏好拿來做分析，因爲那些利益團體對這個委員會做一個評量表，看是比較保守或比較自由的，他就把這個資料拿來做分析，他發現，一九七六年跟一九七九年的中間因爲選舉的關係，有些人落選、有些新議員加入、有些退休，所以就讓那個參議院的消費者委員會在一九七六到一九七九年之間變得非常保守。

　　同時在那個之前，他分析時發覺到整個層級事實上沒什麼變化，所以這篇文章主要的發現就是說：一九七九年國會大力介入，叫公平委員會不要管那麼多，主要原因是一九七六到一九七九年中間，國會的組成偏好上有一個很大的改變，很多比較自由派（liberal）的議員退休或落選，很多比較保守的議員就選上去了。這些保守的議員對市場的看法比較不一樣，他很尊

重市場的看法，他認為不要管太多，就因為這樣，在一九七九年的時候國會對這個公平交易委員會有了很大的改變，所以這一波的發現主要是支持國會，換句話說，國會還是主人，國會偏好的改變帶動官僚偏好的改變。

七、內生關係和事前控制

之後這一篇McCubbins跟Noll的文章，也是一篇有趣的文章。這一篇在法律學界引起很大的回響，主要原因是說：我們一般在想行政法的時候，認為行政法就是要公平、公正等等。但這篇文章是從一個完全不同的角度來看行政法，他認為「行政法是國會統治官僚體系」的一個工具。比如行政法中有很多規定，例如要求官僚機構在新政策執行前必須先公布告知民眾，讓受影響民眾能有時間反應；又如要求官僚機構在執行新政策前，必須舉辦公聽會，讓相關利益團體對新政策施行可能帶來的利弊得失有所反應，表達意見；再如官僚機構首長的任命必須通過國會審核等。

以上這些事前控制手段，使得國會和官僚機構之間的關係好像是外生給定的關係，而從這關係中來演繹。比如說要成立一些新機構，像是成立環保署，國會就會意識到說要怎樣控制這環保署。就像是通過一些法案，如行政法等等，對環保署就會產生種種的規定。推行新政策前要先舉辦公聽會，國會就會在官僚體系還沒成立之前，就先瞭解到成立之後要如何控制你。

之後，Moe和Horn就提出另一看法，在當期國會和官僚兩

位主要政治主角外加入第三位要角：未來國會。未來國會可能
跟當期國會看法不一樣，現在通過這法案，未來國會可能就把
你推翻掉。所以要爲了防患未然，當期國會就會通過一些法
案，讓官僚體制變得更加獨立，所以獨立像是計算之後的結
果。未來可能原本這些人就選不上了，所以如何將想法徹底實
行，就是給官僚體系相對的獨立權力，不過相對地也是削弱了
國會的權力。

　　另外Moe和Caldwell認爲內閣制與總統制，事實上國會跟官
僚體系運作是不太一樣的。剛剛分析很多觀點都是比較偏向美
國總統制的觀點，因爲我們知道，總統制的行政和立法是分開
的，這樣就會讓立法和行政有緊張關係；換句話說，立法單位
一直想控制行政單位。但若採用內閣制便不一樣了，行政和立
法單位合一，行政就在立法單位之下，立法單位能對官僚體系
有效掌控，因此，加諸官僚體系運作的規範限制相對較少。所
以官僚體系就會比較放鬆、自由一點。

八、Olson的集體行動

　　接下來看Olson這一本書，這也是他的博士論文。他這本書
是在一九六五年出版，這本書的引證在社會科學界，算是第一
名了。這本書影響力很大，其貢獻主要是分析利益團體。所謂
的「政治多元論」（political pluralism）的中心觀點，什麼是政
治多元論？假設我們這一群人有共同利益，而這些人會組成利
益團體追求其共同的利益，看起來是滿自然。而藉由不同利益
團體的互動、討價還價所產生的政策結果，是具有多元性質，

反映包容所有不同利益團體的不同利益。

　　所有利益團體都被充分代表，經過折衝之後產生的結果，代表各種利益團體的意見都被表達了。這現實就是包容各種不同團體的利益，所以就某種程度來講，各種政策都是好的，因爲它充分反映了各種不同利益觀點。只要有共同利益，就會組成利益團體來推動這個利益。所有團體都有代表，政策結果應該是好的事情。

　　Olson（1965）這本書："*The Logic of Collective Action*"，怎麼說呢？一個團體追求的共同利益，就團體的個別成員而言是一公共財（public good）。公共財的特色就是：即使你不努力，都可以享受它的成果。換句話說，你不做出任何貢獻，也可以享受成果。這和一個和尚挑水喝，三個和尚沒水喝的道理是一樣的。既然這是公共財，那就讓別人去拚命，我來享受好處就好了，當然這問題就會產生。比如說削減軍備，這預算不要這麼多，雖然有共同利益，但是你不需要任何付出就可以享受利益。所以說，現實政治雖然有共同利益，但是未必能形成利益團體。形成的話，付出的努力程度也不一定是一樣的。所以用政治觀點來看，並不是那麼正確。

　　Olson進一步分析，要克服這個問題，小團體會比大團體好處多多。爲什麼呢？第一個，因爲小團體成員少，成員之間互相認識，個別成員是否做出貢獻，彼此都知道。既然團體人數少，所以個別有沒有做出貢獻，影響就很大。而小團體成員之間長期互動的關係存在，這些都造成小團體相對於大團體在克服整個公共財的「白吃問題」（free rider）上佔了便宜。從這裏來看，就知道爲什麼消費者相對於生產者總是一盤散沙，而工人相較於資本家也似乎來得較不團結，因爲消費者和工人的人

數都比較多。

　　另外，他也提到大小團體在克服白吃問題上的不對稱現象，Olson認為一團體內部的組成成員大小有別，這反而有助於該團體達成其共同利益。這是有關係的，因為小成員的參與與否可能不具關鍵性，而裏面大成員是否參與做出貢獻，對團體利益的達成則相當關鍵。有一發現，團體內部成員大小不一雖有助於團體達成其目標，但同時也造成「大被小欺」的現象，像是研究顯示，北約組織中的美國和華沙公約組織中的蘇聯，對達成目標有幫助，但其經費負擔遠遠超過其應該負擔的份額。小的可以少一個沒關係，但是大的卻缺不得。

九、副產品理論

　　照此來說，大團體似乎沒有作為，但大團體集體行動為什麼三不五時還是會出現呢？Olson的解釋是「副產品理論」。大團體純粹以共同利益來誘引團體成員的參與，是有困難的，勢必要給參與團體行動的成員一些「選擇性誘因」（selective incentives），以誘引團體成員參與集體行動。例如，參與反核示威，單純號召可能沒有效果，所以就說，參加遊行的人可以得到印有反核字樣的T恤一件。只有參加反核示威者才能得到這件T恤，得到的人可以向他人炫耀，證明他的確參加反核示威遊行。

　　藉由這些個人的「選擇性誘因」（selective incentives），可以間接地帶來反核示威的成功。因此，反核示威遊行是發給T恤此一選擇性誘因在克服白吃問題下所帶來的副產品。有時候我

們會覺得發便當、給草帽、T恤，看起來好像很無聊，不過這是
關鍵，以Olson的看法，搞不好這是成功機會。

十、投票矛盾性

　　Olson的副產品理論也遭受到很多質疑。在部分關係中，在
很大規模群眾運動可以解釋一部分。Olson的副產品理論能解釋
像美國的民權運動、蘇聯東歐共產政權的崩解，或是中國文化
大革命般的大規模集體行動嗎？不少人對其充分解釋能力抱持
懷疑。

　　像是大選區的投票行為，基本上也是Olson理論的範疇。比
如說，陳水扁對扁迷而言是一公共財，是一個共同目標，就是
要讓他選上。因此，去不去投票支持他也會面臨Olson所論述的
白吃問題。但在如總統選舉的大選裏，一票實在無足輕重，有
人估算過，總統大選中，你手上一票能決定輸贏，和你去投票
所的路上被汽車撞到的或然率相當，在這麼微小的或然率下，
扁迷手上的一票完全決定不了阿扁是否當選的命運。

　　因此，理論預測，在理性計算下，大半扁迷不會去投票，
但實際情形卻不是如此，此理論預測和實際結果互相矛盾的現
象，文獻稱之為「投票矛盾性」（voting paradox）。在理性計算
之下，如果影響力很小，應該就不會去投票了。但是現實不是
這樣，選民不一定是理性的，所以很多扁迷都還是會去投。

　　關於「投票矛盾性」，有人企圖引用「賽局理論」來解決。
怎麼解決呢？如果每個人都認為一票無足輕重而不去投票，既
然大家都這樣想，那我去投票，就可以一票定江山，於是互相

猜測對方會不會去投，因此，賽局下的均衡投票率應是高於零。不過這一研究路徑並沒有眞正解決投票矛盾性，在一篇重要文章中，Palfrey和Rosenthal證明，當考慮現實的訊息因素時，大選區賽局下的均衡投票率仍然是接近零。用理性選擇觀點來分析，可能就不會去投。

　　他提出的另一個觀點是「理性的無知」（rational ignorance）。這觀點提到在大選之下，選民會花多少時間、精力去蒐集和討論投票相關的訊息。比如說有多少人會去瞭解連戰、陳水扁提出的問題、政見，你會花多少時間去瞭解。理性的選民不會花費時間、精力去瞭解候選人端出的「牛肉」。

　　但是比如說身爲一位消費者，購買汽車時，會考察不同車種的性能，請教親戚朋友的意見，到好幾家汽車經銷商去試車，甚至有人會去購買閱讀相關汽車的專門雜誌。也就是說，買車過程會花去不少時間、精力、金錢，不過這些花費值得，因爲多花費時間會讓你買到比較好、比較便宜的車子。但是選舉總統是連戰或陳水扁時，對你我命運的影響是不是很大，可能不下於、甚至高於挑選購買一輛汽車，因爲畢竟兩個人的人格特質、世界觀相差很大。

　　但作爲一位選民，會花費時間或是精力去瞭解候選人的「牛肉」嗎？Downs的答案是否定的，畢竟你的一票無足輕重，完全決定不了你的命運。那這「無知」的一票就不太容易讓你有意願去投。因爲他花那麼多時間去瞭解，經過理性計算，是不值得的。Downs論點的弔詭在於，選民的無知，是選民自己經過理性思考、精打細算下的結果。這樣無足輕重，就很難去瞭解，更何況去投票。

十一、布坎南（Buchanan）和杜洛克（Tullock）
##　　 民主憲政

　　由於時間的關係，最後我就談論一下Buchanan和Tullock在
一九八四年寫的這本書。這本書要談的話，就要從一八九六年
Wicksell的一篇文章開始談起。Wicksell觀念從公共財角度出
發，政府要提供公共財，什麼是公共財？公共財就是對大家有
好處，沒有壞處。

　　比如說現在要蓋一座橋，這座橋對村民都有好處，從某種
程度來看，這座橋對村民而言，就是公共財。但是蓋這座橋的
錢要怎麼分擔？理論上來看，既然對大家都有好處（只是有些
好處比較大，有些比較沒有那麼大，有人常使用，有人比較不
常使用），所以應該可以找出共同分攤的方式，因爲大家好處都
超過成本，因此可以投票做一致決，讓這法案通過。但是要找
到這方案是相當費力的，因爲這一致決有很大問題。賦予每個
人都有權力，要讓每個人都通過是很困難的。比如說要交一萬
元的人，他一定會想辦法只負擔五千元，所以說這一致決是相
當不容易實行的。因此現實世界比較少採用一致決。

　　Buchanan和Tullock在一九六二年提出來的The Calculus of
Consent，就在分析這問題，既然一致決不是最好的，什麼樣的
表決方式才是最好的？一致決是百分之百通過，是不是可以說
百分之九十或百分之八十通過就可以，還是說百分之七十就可
以？是不是有一個考慮的規則或方式，Buchanan和Tullock就從
這個角度切入。

　　再來談談Wicksell的觀點，因爲Buchanan受到他這本書影響很大。Wicksell認爲民衆和政府之間是契約論的觀點，民衆和政府是一個交換關係，你帶給我好處，我才支持你。

　　所以說，一個案子的投票比例要怎樣才算合理。我們可以想像，有些決策可能很重要。既然很重要，簡單多數決，一半通過，可能都會嫌太過輕率，因爲這議案對每個國民影響很大。但是有些案子又不是那麼重要，比如說要去哪邊玩，大家都沒有特別偏好，差別不大，要投票表決又不是那麼重要，而且浪費資源，就讓班長做決定就好了。

　　但怎樣的多數決是最適又如何決定呢？關於此一問題的最早分析見於Buchanan和Tullock的「規則的選擇」(choice of rules)的憲政問題，而不是「依規則選擇」(choice within rules)的一般政治問題。他如何分析這問題？Buchanan和Tullock分成兩階段來分析，第一階段說明哪些法案需要怎樣的投票比例，這就是憲政決定，哪些四分之三才通過，哪些只要二分之一就可以；第二階段就是一旦這些決定之後，個別法案就適用憲法上的規定。爲避免特定議案加上個人的偏私，Buchanan和Tullock假定當制定憲法時，個人對將來某特定議案所可能採取的立場或偏好完全無知，即最適投票通過比例的憲法層次決定是在「無知面紗」(veil of ignorance)下進行，把個人考慮先放到一邊。

十二、外部成本與決策成本

　　Buchanan和Tullock以兩個函數來分析最適投票通過比例的

決定。一是「外部成本函數」（external cost function），是指通過
一個議案對反對者所加諸身上的成本。假如一個案子百分之百
通過的話，那外部成本就會等於零，也就是說外部成本是議案
通過所需投票比例的遞減函數，如果投票採比例最高的一致
決，則因爲任何人不會投票贊成對其造成傷害的議案，外部成
本將爲零，所以說外部成本就是比例的「遞減函數」。

　　另一是「決策成本函數」（decision-making cost function），
則指爲通過某議案尋求議案折衷協調取得多數決所花費的時
間、精力成本，像是協調、折衷等。獨裁者的決策成本就很
低，只要一個人決定就可以了。決策成本是議案通過所需投票
比例的「遞增函數」，因爲所需投票比例愈高，議案獲得通過所
需花費的時間精力成本也將愈高。最適多數決即是在上述兩成
本中做取捨替換，取決於外部成本和決策成本加總最低的那一
點，也就是如圖2-4中的n那一點。

　　想想看，假如有一種東西，大家意見紛歧，而且取得共識

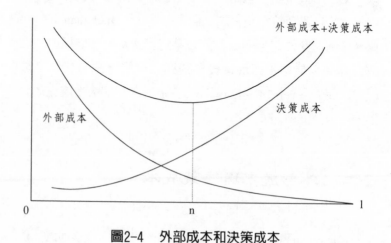

圖2-4　外部成本和決策成本

不易。此種情形可以將其想成決策成本函數上移,外部成本函數不動,這樣投票比例就會下跌,所以可能投票比例很低就會過,於是由二成本函數決定出來的最適多數決將低於n;但是,如果討論議題關係到個人的基本權利,剝奪權利,個人福利損失巨大,然而該議案決策成本卻不高,此種情形可以將其想成外部成本函數上移,但決策成本函數不動,於是由二成本函數決定出來的最適多數決將高於n。因此,Buchanan和Tullock的分析告訴我們,怎樣的投票通過比例是最恰當,要看議案性質所引發的「外部成本」和「決策成本」而定。

十三、代議方式

由於時間問題,所以我大概沒什麼時間多講,就簡單將其他的稍微講過。等於說選舉方式有很多種,採取不同的選舉方式,結果會有很多種。像現實世界投票規則各式各樣,現實世界民意代表選出來的方式也有許多不同式樣。有三種常見的代議方式:

1. first past the post(FPP):什麼是first past the post?就是每位選民手上有一票,全國分成許多選區,各選區只選出一位民意代表。這樣的體系都是英國的體系或是英國的殖民地,像是美國,跟英國系統有關的。就是說,小選區只選出一位代表。

2. single nontransferable vote(SNTV):這方式是跟台灣一樣,每位選民手上有一票,全國分成許多選區,但同一選

區選出多位民意代表,選出三個、四個、五個等,就是超過一個就對了,像台北縣選出來的就很多。

3. proportional representation(PR):每位選民手上有一票,全國只有一選區,選民選黨不選人,各黨民意代表人數依其獲取選票比例分配。

剛剛說過,第一個,英國和許多其先前的殖民地採用FPP(如美國、印度和加拿大);韓國國會議員選舉採用SNTV,台灣和日本過去國會議員選舉也採用此一制度;PR是比例代表制,但目前真正採用此代議制的也很少,只有以色列和荷蘭,其他大半採取某類混合制,第二個和第三個混合,例如,日本原來是FPP和SNTV混合,後來日本國會議員選舉改採取FPP和PR的混合制,而台灣立法委員選舉是採取SNTV和PR的混合制。不過台灣憲法原來是SNTV和PR的混合式,也要改為FPP和PR的混合式。

不同代議制可以兩大面向來瞭解:第一個就是「代表性」(representation),另一個是「運作順暢性」(governance)。代表性傾向視政府為代表性政府(representative government),運作順暢性則傾向視政府為責任政府(responsible government)。這兩面向常存有衝突,例如,最具代表性的代議制是讓每個人都成為議員,因為有男女老少之差別。但如此一來,議會議事運作相信會非常不順暢,是一個大問題;反過來說,意見相同的人所組成的議會,議事運作相信會順暢多多,但其代表性則會相對不足。

單一選區只選出一個來,代表那一個選區的人,極端的一定選不出來,因為不可能極端,會選不上。但是中位者畢竟無

法代替所有人。比較有代表性的一定是各式人馬都有,但是各式人馬都有的狀況,一定會使議會變得更嘈雜。相反的,大家意見、看法一致,並不代表整個台灣大家看法一致。

強調代表性政府(representative government)的代議方式(如PR)較有利於小黨,而強調責任政府(responsible government)的代議方式(如FPP)則較有利於大黨。文獻上有所謂Duverger's law。這是台灣準備推行的體制,認為FPP代議制度將會帶來兩黨政治,在FPP下,第三大黨生存不易,因為不論選民投票或利益團體捐款,都不會將其浪費在沒有勝選機會的第三大黨身上。就選民來看,可能會發生「棄保效應」,因為只選一個人,就投一號和二號,為何要把票投給第三號人物,因為就選民觀點,第三號根本就選不上,所以投給第三號是浪費選票。

就像捐款一樣,因為會選上的不是一號就是二號,那我為何要選第三號,這是一種浪費。所以小選區體制的話,它一定會促成兩黨體制,第三黨的生存空間一定會很小,在實證上也高度發現。Cox曾對問題進行研究,怎樣比較容易產生各式各樣多元路線的民代。Cox以過去日本眾院採用的SNTV為例,日本眾院議員選區選出人數大半是三到五人,也因此,這樣的體制不容易產生中間路線的民代。相反地,容易產生各式各樣甚至採取極端立場的民代。但各式各樣甚至極端立場的民代卻是社會的縮影,他是滿具有代表性,但議事運作會較不順暢,所以這兩個會有點衝突。

像FPP同一選區選出的民意代表只有一人(小選區),極端立場民代不容易選上,中間立場民代會勝出。中間民代未必是社會的縮影,可能不具有社會代表性,但議事運作將會較順

暢。小選區像FPP制，第三勢力不容易生存，因此，各方力量會
設法在選前進行整合成兩大勢力（Duverger's law）。大選區像
SNTV制，小黨獨立候選人相對容易生存，各方力量不會在選前
進行整合，因此，意見整合只有留在選後進行。台灣立法院選
舉的話，因爲每個人都覺得自己會選上，只要顧好自己的選票
就行了，選前要整合是不容易的，所以是到選後才整合，因爲
選後進到立法院之後，畢竟政策要出來，所以必須整合。所以
台灣要改成PR，這對台灣生態會有很大影響。根據這理論，我
預測兩黨會逐漸形成，中位者會進到立法院來，立法院會比較
安靜，但是立法院的代表性會降低。

十四、公民投票

　　本來要談公民投票，不過時間可能有限，那就簡單說明一
下。公民投票最早出現於一八四八年瑞士的憲法，美國的話，
最早出現於一八九三年的加州開始推行，南達科達州於一八九
八年採用公民投票，是最早的一州。
　　目前美國有公民投票的州有二十四州（當時本文發表時，
美國五十州當中有二十三州的選民享有公民投票，現加入密西
西比），Matsusaka這篇文章只分析到二十三州（見**表2-1**），究竟
有公民投票的州與沒有公民投票的州會有怎樣的不同方法？他
主要是分析「財政上」的問題，他很有趣的發現就是說：有公
民投票的州，「公共支出會比較少」。而且有公民投票的州，
「州政府本身錢會比較少」。地方州政府底下錢會比較多，也就
是說錢會比較平均。有公民投票的州，稅會比較低，但是規費

表2-1 每一州通過公民投票的年代

州	創制權通過年	創制法案所需簽名人數比
Alaska	1959	10
Arizona	1910	10
Arkansas	1909	8
California	1911	5
Colorado	1910	5
Florida	1978	8
Idaho	1912	10
Illinois	1970	8
Maine	1908	10
Massachusetts	1918	5
Michigan	1908	8
Missouri	1908	5
Montana	1906	5
Nebraska	1912	7
Nevada	1904	10
North Dakota	1914	2
Ohio	1912	6
Oklahoma	1907	8
Oregon	1902	6
South Dakota	1898	5
Utah	1900	10
Washington	1912	8
Wyoming	1968	15

資料來源：Matsusaka（1995）。

會比較多。以下是列出每一州通過公民投票的年代（見**表2-
1**）。

　　公民投票和台灣一樣要簽名，百分比就是要依照上次簽到
多少來做依據。比如說有些州只要百分之二就可以通過法案，
而有些州可能是需要到百分之十五才能通過。

（責任校稿：郭俊偉、林璟斐、張家瑄）

參考文獻

Arrow, Kenneth J. (1951). *Social Choice and Individual Values*. New York: John Wiley & Sons, rev. ed. 1963.

Black, Duncan (1948). On the Rationale of Group Decision Making, *Journal of Political Economy* 56, February, 23-34.

Buchanan, James M. & Gordon Tullock (1962). *The Calculus of Consent*. Ann Arbor: University of Michigan Press.

Downs, Anthony (1957). *An Economic theory of Democracy*. New York: Harper & Row.

Drazen, Allan (2000). *Political Economy in Macroeconomics*. Princeton University Press.

Mueller, Dennis C. (2003). *Public Choice III*. Cambridge: Cambridge University Press.

Niskanen, William A., Jr. (1971). *Bureaucracy and Representative Government*. Chicago: Aldine-Atherton.

Olson, Mancur, Jr. (1965). *The Logic of Collective Action*. Cambridge, MA: Harvard University Press.

Persson, Torsten & Guido Tabellini (2000). Political *Economics- Explaining Economic Policy*. Cambridge, MA: MIT Press.

Rowley, Charles K. & Friedrich Schneider (2004). *The Encyclopedia of Public Choice*. Dordrecht: Kluwer Academic Publisher.

第三章

理性選擇模式 的社會經濟學

鄒繼礎

學歷：芝加哥大學經濟學博士
現職：逢甲大學經濟學系副教授
研究專長：經濟發展與成長

一、前言

　　芝加哥大學教授Gary S. Becker於一九九二年獲得諾貝爾經濟學獎，其貢獻主要爲運用經濟學的分析方式，來探討人的市場行爲與非市場行爲（non-market behavior），使經濟學跨入社會學和其他社會科學的研究領域。本講題所指的「社會經濟學」（social economics），便是指Gary S. Becker教授自一九六〇年代以來所開創的以理性選擇模式——也就是經濟學方法，探究人類行爲的分析架構。Gary S. Becker在二〇〇〇年曾以「社會經濟學」爲標題，出版了一本專書（Becker & Murphy, 2000），沿襲他在過去稱爲社會環境、社會因素或是社會影響，以及社會資本（social capital）的概念（Becker, 1996），來探討傳統上屬於社會學的範疇。這些論題包括社會互動、家庭、婚姻、生育、宗教、慈善捐贈、人力資本累積、時尙流行，以及其他社會現象。

二、理性選擇模式的社會經濟學緣起與發展

(一)經濟學與社會學的對話

　　社會學與經濟學兩個學科長久以來的互動並不和諧，特別是在十九世紀，社會學家認爲經濟學最終將成爲社會學的一部

分。Gary S. Becker在芝加哥大學曾與社會學教授James Coleman
從一九八三年起,開始共同主持極負盛名的每週研討工作坊,
探討社會力量與人的行為的關係,在當年可以算是經濟學與社
會學跨領域對話的重要舞台,持續多年的每週論文發表與跨學
科對話,對兩個學科都有非常深遠的影響,後期甚至還包括生
物學、人類學等跨領域學科都涉入其中;此工作坊於一九九五
年James Coleman辭世後結束❶。

　　較近期的經濟學與社會學的交流可以回溯至一九五〇年
代,哈佛的社會學者Talcott Parsons對整合經濟學與社會理論所
做的努力(Parsons & Smelser, 1956),儘管包括Becker在內的許
多著名經濟學者並不欣賞Parsons的理論,但是Parsons的確已點
燃了兩個學科的對話,也讓兩學科對話可以持續下去。

　　經濟社會學(economic sociology)深受一九八〇年代理性
選擇模式發展的影響,也重新燃起了長久以來處於相當冷門的
狀態。一九九五年美國西部經濟學會曾舉辦了一場「經濟學與
社會學研討會」(Conference on Economics and Sociology),以表
揚Becker與Coleman教授的貢獻,該研討會的部分論文蒐集在一
九九八年七月的Economic Inquiry的會議專刊(Zupan, 1998)。

　　在台灣,經濟學與社會學似乎一直沒有太多的對話,在一
九九〇年代兩學科學者對於社會福利政策有零星的對話,但又

---

❶該工作坊為社會科學的理性選擇模式(Seminar on Rational Choice in the
　Social Sciences),又常被簡稱為"Becker/Coleman Workshop",探討跨
　領域的主題,涵蓋心理學、生物學、遺傳學、賽局理論、法律與政治理
　論、公共選擇、經濟史,以及常被探討的社會學與經濟學(Rosen,
　1998)。

流於情緒性的爭議。東海大學社會學系與逢甲大學經濟學系曾做了一個嘗試性的突破，希望引起兩個學門間，具有建設性的交流。兩系與台灣社會學會於二〇〇一年五月舉辦了一場為期兩天的國際學術研討會──「跨科際國際學術研討會：經濟學、社會學的對話」，是台灣第一次正式的經濟學與社會學的理性對話。

(二)社會經濟學

Becker與Kevin M. Murphy在二〇〇〇年出版《社會經濟學：在社會環境中的市場行為》（*Social Economics: Market Behavior in a Social Environment*）一書。在方法上，作者延續過去一貫的理路，將社會環境帶入經濟學分析方法，以包含社會環境在內的「擴展效用函數」（extended utility functions）作為分析工具，探討社會環境如何影響人與人的行為。在傳統經濟學裏，不管個體或總體經濟學，要看一個人的行為，一定是根據這個人想要的是什麼，也就是將人所想要的、追求的財貨，放入效用函數（utility function）（或許可以稱為快樂函數）內，在一組資源的限制下，可以導出人對財貨的需求函數。但Becker認為這是不妥當的，而人真的關心的，不只是放入效用函數的這些財貨，人關心的是一組人生最重要的基本生存與關係，這才是放進效用函數的恰當項目。Becker建構了所謂的「家庭生產函數」（household production function），將一組需要運用資源生產出來的項目（家庭產品）放入效用函數內。

正如同Becker在社會互動的文獻曾探討過，人的互動也決定了社會環境。傳統的經濟學模型裏，人做決定時是根據他們

自己的偏好與預算限制，其他人的偏好與價值並不會影響到自己的選擇。Becker顛覆了傳統經濟學，他不認爲消費者購買財貨的行爲是消費行爲，他認爲這是生產者的組合行爲，並且認爲傳統經濟學將財貨放入函數所得的是「次效用函數」，因此，可看出Becker主張必須涉入社會因素才是眞正的效用函數。

　　Becker曾使用「經濟社會學」，後來也採用「社會經濟學」來界定經濟學跨領域研究的名稱。在《社會經濟學》出版之前，Becker曾採用經濟－社會學（economic-sociology）一詞，其內容可視爲理性選擇模式，或經濟學方法應用到人類各個層面行爲的一個主要部分。Becker自稱他所研究的是「經濟－社會學」（economic-sociology），所以是一位「經濟－社會學家」（economic-sociologist）。他對經濟－社會學家的定義是：學了一些社會學的經濟學者，在他們的研究中使用社會學的概念。過去也曾用「社會－經濟學」（socio-economics）來指稱兩個領域共同有興趣的論題。

　　Richard Swedberg（1990）認爲，此一新的跨領域研究可以區分爲「經濟社會學」（economic sociology）（兩個詞中間沒有橫線），與Becker的「經濟－社會學」（兩個詞中間有橫線）。前者指從社會學的觀點分析經濟現象，而後者則爲運用新古典經濟學方法分析社會學的現象❷。往前回溯，Max Weber（1949）在一九四〇年代便曾採用「社會經濟學」一詞來含括一切經濟

---

❷Richard Swedberg（1990）爲社會學者，在其《經濟學與社會學》（*Economics and Sociology*）一書中，訪談了兩個學科中重要的學者，包括Gary S. Becker與James S. Coleman、George A. Akerlof等人，對兩個領域的交流背景、發展的近況與前景有相當完備的訪談與整理。

與社會學議題的研究，「社會經濟學」這一個廣泛的概念包含了「經濟社會學」。

在Becker的創新貢獻領域裏，有些論題的重要性已逐漸降低，Oi（1998）便認為，人們的子女數正在降低，家庭也成為一個衰退的制度，而民權法案（Civil Rights Act）也顯著地降低了種族歧視的負面影響。但是其他論題如犯罪、上癮與內生時間偏好，仍然是非常令人興奮的議題。不過，從文獻的發展來看，家庭仍是經濟學與社會學所共同持續關注的重要課題。

(三)「新家庭經濟學」與社會經濟學

Becker自一九六〇年代以來對家庭行為的研究，根據家庭生產函數（household production function）建構了擴展的效用函數（extended utility function），並以此方法分析婚姻、家庭內的分工、生育、子女養育、人力資本投資、偏好的形塑，以及其他層面的家庭行為。這些貢獻蒐錄在Becker（1981/1993b）的《家庭論》（*A Treatise on the Family*）。也開拓了所謂的「新家庭經濟學」（new household economics或new home economics）的研究領域。這些課題也應涵蓋在當前「社會經濟學」的範圍內。

三、理性選擇模式的基本方法

經濟學方法（理性選擇模式）自新古典學派開始，對人的行為研究是立基於三個基本假設：

1. 人會做理性的選擇（rational choice）：人會做極大化行為
   （maximizing behavior），也就是，人會在所面對的限制條
   件下追求自己最大的效用滿足。例如，就廠商行為而言，
   生產成本與收益之間，構成一個利潤函數，在成本、銷售
   價格、是否有很多競爭對手等限制條件下，追求成本極小
   化或利潤極大化。大抵而言，到今天為止，經濟學仍然認
   為，平均而言，人是做理性選擇的。這並非人是冷酷、無
   情、隨時都很理智，理性選擇也可以做出不理性的行為，
   因為可能認知錯誤、資訊不完整，或是某些社會壓力、社
   會經濟狀況等，即使行為者知道行為對他本身或是未來都
   不是好的；但在以上這些限制情況下，促使其做了這樣的
   選擇，人還是有做理性選擇，只是在有限資源、資訊或由
   不得他做選擇的狀況下做了選擇，就好像本來有一個較大
   的框架在進行極大化利益，只因為家庭、個人或是社會等
   縮小了這個框架，但還是在這個框架當中做理性選擇。
   Becker曾舉過一個犯罪者的例子，犯罪者並非是非理性的
   作為，他可能早就考量好一切，包括價格、代價與機會，
   但這個犯罪不一定指涉犯很重大的罪，例如違反交通規則
   亦屬之。人有時候會受到習慣影響，有時也會受到時間壓
   力而去考量一切狀況，人也就是在這限制下做決定。這一
   個基本假設曾經在社會科學中引起很多辯論，到底人是否
   真的是理性的，這不是道德判斷，也不是指涉人類行為的
   好壞，而是人在有限資源下為自己爭取便捷的方式。

2. 人的偏好（preference）是穩定的：許多經濟學者對此都有
   不同的意見，舉例而言，飲料的種類、衣服顏色的改變，
   對某些研究者而言，人的偏好是改變了，但Becker認為要

回到人的行為，且必須放在效用函數中，而人的偏好此刻
是否穩定？人對基本需求的要求、對重要他人關係的追
求、對自己關係的追求、人對成就與肯定的追求，這些根
本的偏好是穩定的，所以由這些偏好所構成的效用函數也
是穩定的。基本上，人不需要將所觀察到的經濟與社會變
動都歸於人的偏好改變，表面上看起來像是偏好改變，但
其實有其他原因，可能是構成生產這些基本偏好的條件
（所得、時間價格等）改變了，而不是因為效用函數的移
動。

3.市場均衡（market equilibrium）：這一個基本假設是指，
　每個人都追求最大利益，透過市場的機制，會將此一動力
　轉變為對整體社會都有益。廠商儘量去賺錢（所以要講求
　效率，追求創新等活動）、消費者儘量去選擇最便宜與品
　質好的，這些追求自利的動力，有一種機制可以使每個人
　都得到最大利益，就是所謂的市場均衡。從Adam Smith
　以來的經濟哲學基本上就是，人與人的活動在市場制度的
　遊戲規則下，追求自己利益，拓展了自己與他人的選擇與
　福祉。

　　在理性選擇的三個基本假設下，可以導出個人、家庭、婚
姻與廠商對誘因做反應的市場行為，以及透過市場，達成各自
所追求的目標。在此一架構下，導出經濟學的基本分析概念如
需求供給函數等。Becker（1976, 1993b）嘗試以同樣的架構，
將以上分析架構拓展至傳統上認為是「非經濟」的領域，包括
將社會環境與其他社會力量納入影響市場的機制中，推導出許
多有啟發性的理論含義。

四、擴展的效用函數

前面曾討論家庭生產函數以及將一組根本的偏好項目放進效用函數，構成了一個「擴展的效用函數」。由於此函數包含了很廣泛的人的行為偏好，可以作為探討以下幾個問題的分析工具：一個循規蹈矩的青少年，結交了一群幫派分子後，開始吸毒、酗酒、為非作歹，學業一落千丈；媒體的密集廣告使得新推出的商品大受歡迎；也有人認為媒體對犯罪事實的詳細報導，會教導、誘使人去模仿犯罪。

這些例子都牽涉到一個根本的「人的行為改變」之核心問題：人的偏好是否改變了？是如何改變的？若根據傳統的效用函數，將社會力量與環境因素排除在偏好內，或僅單純地將社會現象歸因於人的偏好改變，將無法導出一致性的、可以檢驗的理論意涵。

另外一篇文章，George Stigler與Becker在〈不要爭辯偏好是什麼〉（De Gustibus Non Est Disputandum）一文中（Stigler & Becker, 1977），假設人的偏好函數是穩定的，效用函數在不同時點仍然是相同的，即便對於已經累積了不同存量的上癮資本、社會資本，與廣告資本的不同個人，彼此間的效用函數仍然「相同」。至少，不仰賴效用函數的差異來解釋彼此之間行為的差異。Stigler與Becker所採用的是擴展效用函數，而非次效用函數（subutility function）——傳統上僅包括財貨與勞務的效用函數❸。

Becker批評經濟學、社會學、歷史，以及其他領域，每當

遭遇難以解釋的現象時，便以近乎任意的方式歸因於偏好與價值的變動，而此種方法得出的結果常對瞭解實際現象的原因與過程，沒有太大幫助。

五、個人資本、社會資本與社會互動

經濟學將個人累積的知識與技能稱為人力資本（human capital），Becker在其一九九六年的著作裏引進兩個新的分析概念，將構成人力資本內涵的一部分抽離開來，以個人資本（personal capital）代表會影響現在與未來行為的過去經驗，包括童年經驗等。這些經驗的累積像人力資本累積一樣，形成一個資本存量，影響現在與未來的生活；另外，Becker（1996）定義社會資本（social capital）是一種資本存量，包含了個人的社會網絡與控制系統裏，同儕與其他人的過去行為所產生的影響。社會資本為一個人的人力資本（human capital）總存量的一部分，它包含了社會的影響❹。社會資本這個辭彙，在現在經濟社會學裏是一個關鍵的概念，所有對人的社會影響均用這個辭彙，例如：人力資本或其他有形資本，是一個資本財，是透過這樣一個資本財貨來影響人類行為。

社會資本用更通俗的用語就是「關係」，你的社會關係好不

---

❸ 並非所有經濟學者都認為人的偏好是穩定的，有學者就提出人的生育改變是因為偏好改變。

❹ 社會資本（Social capital）一詞是由Loury（1977）所創，Coleman（1988）使這一個詞被普遍應用。

好，有的人累積很多人脈，達成某項事務比他人更容易，是因為他擁有更多的資源。他比其他人有更多的能力與資源，這就是他的社會資本。舉例而言，老師於課堂上宣布下次上課時要考試，有些同學蹺課，但其中可能有幾位蹺課的同學卻在下次上課的考試中拿到不錯的成績，但有些同學因為不知道要考試，幾乎連基本觀念都沒有。社會網絡或關係的角度看，前者是因為有上課的同學會告知消息；後者則沒有。有被告知的人表示其社會資本存量就高於後者，這個簡單的例子（可能太簡化了）可以說明社會資本投資報酬的精髓。

社會資本代表個人在他的社會關係網絡裏，接觸與學習到的知識、行為、價值觀等，因此同儕壓力與其他社會因素對個人的影響，也像是一個人力資本存量，會影響現在與未來的行為。由於社會資本是在社會環境的框架下累積的，一個人的社會資本存量就無法完全依賴自己的選擇，而是取決於相關的互動網絡中同儕的選擇。

Coleman對社會資本的定義與Becker稍有不同的補充，但卻不牴觸兩個人對此一概念的衝突，他並不認為社會資本是人力資本的一部分，因為他認為社會資本是存在人與人之間的。相對於有形的（tangible）實體資本，人力資本是有形度比較低的（less tangible），但學會了諸如數學、英文等基本知識，工作上能力就比他人強，這就是人力資本，是附著在人的身上；而社會資本的有形度便更低了，如我剛剛舉的社會關係的例子——Robinson漂流，他一個人漂流在島上，這就是沒有社會資本的觀念，但是多涉入Friday一人就不同了，兩者基於彼此的信任或是猜測程度，可以構成不同的合作關係；彼此的熟悉與信任可以促進合作生產與娛樂的關係。因此，他認為社會資本也具有公

共財的性質，不算是人力資本的一部分，創造與促進產生社會
資本的人並無法像有形資本與人力資本的投資者，可以完全獲
取該投資的利益。因此，社會資本會出現投資不足的現象。

Coleman界定三類最主要的社會資本：(1)責任義務、期待
與信賴的架構；(2)訊息的管道；(3)規範與有效的約束能力。
Coleman提到紐約猶太人珠寶批發商與購買者，是沒有契約的，
完全透過信任；但並非每個人都有這種社會資本，因為這些猶
太珠寶商間有多重的社會關係網絡，可能是高中同學，參加同
一個猶太教堂，或親族間已有多年往來等，所以達成彼此信任
與一個約束行為的社會力量。但是Coleman並指出，並非所有社
會資本都是好的，也有負面的。

其次，訊息管道本身，像有人的消息管道暢通，擁有較豐
富的訊息存量。消息暢通不管在哪一方都是很重要的，因為和
其他人相比，做決策的選擇範圍會比較廣，也比較能做出更合
宜的決定，或更有效的方法來達成目標。最後，Coleman提出的
是規範與有效的約束能力，這是有規範可能內化進去的，有效
的約束能力則是願意去遵守，而且網絡間的關係是可以相互約
束與相互關懷的。此外，如果一個組織在某一任務或特地目標
結束後，團體仍可以繼續運作，這種社會資本反而是更有利於
社會資本累積而且更為強化。

當討論社會資本的概念時，我們將社會因素帶入經濟行為
的選擇，是否表示人的行為選擇或理性成分降低了？特別是當
社會資本對人的效用滿足有很大的影響，以及社會資本與人對
其他財貨的需求有很強的互補性時，會不會使人的選擇不再理
性了？Becker（2000）在《社會經濟學》一書裏，論證人的選擇
的確會因此受到很大的限制，但是由於人也可以選擇他的社會

環境，設法增加社會資本，因此理性選擇模式與社會資本的重
要性兩者間並沒有不一致。

　　具有互補性的現象產生時，增加資本財，同時也會增加勞
動者的生產力；用到社會資本與其他經濟財貨也是一樣，當社
會資本或其他經濟財貨影響大時，會增加個人對其他消費財貨
的生產力或效用，稱之為互補性。一個社會團體裏面，如蹺家
的青少年，幫派裏面的語言是：抽菸。本來不會抽菸，但是因
為加入這個幫派，所以對香菸這個需求增加，這就是社會資本
使我對其他消費財貨需求的增加，稱之為社會資本或社會環境
的影響，這對其他財貨的需求是有互補性。當這個互補性夠強
的時候，即使我不喜歡這個社會架構或社會環境，但它卻與我
的其他財貨需求有密切相關的互補性，因此選擇了這個社會架
構，但這是否為不理性？Becker認為的確是縮減選擇範圍，但是
並非不理性；如果真的對這個架構不喜歡，人還有另外一個方
式是去累積自己不同的社會資本，去企圖改變自己不喜歡的社
會架構，去更換不同的社會架構，像孟母三遷就是一個例子。

　　其實社會經濟學有一個很重要的概念就是社會互動，即社
會關係；上述我們是用資本存量的概念來討論社會互動。Becker
最為人所知的就是家庭上的互動，到更廣的社會。沒有人會否
認人與人之間的互動對自己的效用有極大的影響，夫妻關係、
親子關係、同事、社區、其他團體的人，對自己的看法與互動
關係，不僅決定了自己的幸福，有時甚至判定了一個人的存在
價值。社會學與心理學者非常強調「社會互動」對人格形成的
重要性，經濟學者在一個世紀以前也曾注意到人與人之間的互
動，只是就好像Becker所言，經濟學在本世紀的發展，太過注意
形式上，就是過於重視數學，忽略了社會互動這樣一個重要的

概念。

　　在探討社會互動的經典之作中，Becker沿用家庭生產函數
與效用函數，放入效用函數的，不是從市場上直接購買來的財
貨，而是必須在家中生產出來的「家庭產品」，它可以視爲一組
人的基本需要，像是健康、居家環境、家庭名譽、家人感情、
晚餐等。此外，Becker將其他人的特徵放入了家庭生產函數，例
如同事的意見、同儕壓力、社會的看法等因素。其他人的特徵
受到社會環境與個人改變此一環境的努力。由於自己的努力要
耗費資源，所以會出現經濟分析不可或缺的預算限制式。因
此，可以使用標準的經濟學方法與個人最適支出的邊際與均衡
條件，來探討家庭生產函數中的各生產因素的關係及其均衡條
件。

　　社會互動理論的一個關鍵概念爲：影響個人福祉的各種因
素加總起來成爲一個「社會所得」，社會所得包括兩方面：除了
自己的「所得」，還包括會影響自己心理滿足的其他人的相關
「特徵」之貨幣價值，也就是個人所處的「社會環境」。個人會
花費所得來改變這些特徵，也因此能夠用經濟方法來探討個人
願意支出的最適額度。根據此概念，可以探討與比較個人或他
人所得增加與減少對此支出的影響，以及社會環境的「價格」
改變，會如何影響這些支出與個人福利。另外，社會互動的分
析也可以探討在人的互動中，嫉妒與恨對所得不平等（或相對
所得）與個人福祉的影響，以及嫉妒與恨在犯罪與掠奪性行爲
中的角色。

六、家庭、婚姻、生育，與家庭的解體

　　Becker最重要的貢獻，也是他獲得諾貝爾經濟學獎的主要貢獻，應屬於家庭領域的研究，運用一貫的經濟學方法分析家庭的功能、婚姻、生育決定，以及在什麼條件下，一個家庭會解體，對孩童的影響等論題。

　　另外，比較特別的論題也包括父母如何塑造子女的偏好。父母對子女除了考慮他的愛心來聯繫家庭成員之間的利益，也會藉由影響子女的童年經驗，塑造子女的偏好，使子女成年時會孝順、照顧父母。當然，這並不表示父母與子女之間的承諾完全是一種策略行為，它僅表示不須完全依賴利他主義來解釋家庭行為。此一現象也能解釋為什麼政府的老人社會安全給付，會促使家庭成員在情感上的疏離。因為有些父母認為年老時不需要依靠子女，他們在影響子女的偏好形成時，便可能不那麼費盡心思。其實，其他因素包括社會變得更富裕，資本與保險市場發達，以及其他政府照顧措施，還有家庭規模變小，雖然提升人們的福利，但是夫妻、親子、還有其他親戚關係卻較疏離，因為培養更親密關係的投資誘因降低了！

七、內生偏好與習慣行為

　　S. Freud強調童年經驗對人一生有深遠的影響，Becker也贊同Freud的看法，認為其與經濟學的效用極大化原則、前瞻性的

行為並不相違背；Becker甚至說：「就某一程度而言，我們都是過去經驗的囚犯，我們寧願沒有這些經驗。」也就是說，人的偏好形成受到過去經驗的影響，包括正面的影響與負面的束縛。正由於過去選擇的消費或其他行為會影響到現在的選擇，因此人在不同期間的行為會互相影響。根據這樣的架構，可以進一步探究人的上癮行為、工作習慣、偏好形成、奉養父母、子女所做的未來承諾、父母如何影響子女偏好，以及制度穩定性與演化的問題。

　　另一個問題是，人常根據傳統與習慣來做選擇，這是否違反了人的理性選擇？不論就經濟或社會層面，此一問題都有很深遠的意涵。因為，它牽涉到人的選擇與過去行為，包括童年時期，甚至久遠的傳統制度的影響。習慣性行為若非常強烈，便稱為上癮，雖然習慣行為包括吸菸、吸毒、酗酒、吃冰淇淋、慢跑、游泳、上教會、說謊與人的關係等非常廣泛的層面，但是會發展成上癮通常是屬於有害的活動。

　　工業化國家常耗費龐大的警力與資源，甚至動用國防武力去打擊毒品犯罪；美國便曾出動軍隊至巴拿馬，將資助毒品輸美的巴國總統捉拿回美國審訊！在美國，有許多人主張，與其花費大筆金錢追緝毒品買賣與消費，不但沒有太大的效果，反而增加了犯罪率，還不如乾脆將毒品合法化。也有人主張合法化以後再課以重稅，利用稅收來從事反毒教育與宣傳。毒品合法化當然會降低毒品的價格，但是消費量對價格下降的反應究竟有多大？也就是說，毒品的需求彈性究竟是大還是小？

　　從社會經濟學的角度回答此一問題，必須將上癮行為中的兩個特性——「增強」與「容忍」帶入分析架構內：增強指過去的吸毒量愈大，現在的吸食欲望會愈大，但吸食更多的毒品

或香菸，一方面會增加上癮資本，進而降低消費者的效用（這是容忍效果）；但另一方面，強化作用使得更多的過去消費，會增加現在消費的邊際效用。根據這些特性，可以分析在什麼條件下，一個上癮者能完全戒除上癮，以及在什麼條件下，毒品價格下降的長期效果會大於短期效果，而此點對於政策討論有很重要的意涵。毒品合法化使價格下降的長期效果，也必須列入反毒戰爭的成本效益裏。

有一種人只關心現在而不關心未來。願意從事冒險行為以及具有危險性行為的人，他們的時間偏好率較高。Becker認為，時間偏好率是內生的，可以藉由改變分配至未來的資源來影響時間偏好率。根據人的時間偏好率高低，也就是對未來的折現率高低，可視為對未來利益與損害的關注程度，社會經濟學的領域可以擴展至犯罪行為的研究與防治。

八、結語

社會經濟學將社會因素帶入經濟分析，依據理性選擇的基本假設與方法，探究許多原來屬於社會學及其他社會科學的範圍。而目前頗受重視，但相對上較晚，最近才在經濟學中使用的分析概念——「社會資本」，今天的討論僅根據此一概念，簡述幾個已有相當研究成果的部分。我相信，社會資本這一概念能夠拓展經濟分析，幫助我們更進一步瞭解人的行為的層面，而遠超過以上所介紹的課題。

（責任校稿：劉智年、張蕊、楊宗穎）

參考文獻

Becker, Gary S. (1974). A Theory of Social Interactions. *Journal of Political Economy*, 82. (6): 1063-1093.

Becker, Gary S. (1976). *The Economic Approach to Human Behavior*. Chicago: University of Chicago Press.

Becker, Gary S. (1993). *Human Capital* (3rd ed.). University of Chicago Press.

Becker, Gary S. (1981/1993b). *A Treatise on the Family* (Enlarged ed.). Cambridge: Harvard University Press.

Becker, Gary S. (1996). *Accounting for Tastes*. Cambridge: Harvard University Press.

Becker, Gary S. & Casey B. Mulligan (1997). The Endogenous Determination of the Time Preference. *Quarterly Journal of Economics*, CXII (3) (August) : 729-758.

Becker, Gary S. & Kevin M. Murphy (2000). *Social Economics: Market Behavior in a Social Environment*. Cambridge: The Belknap Press of Harvard University Press.

Coleman, James (1988). Social Capital in the Creation of Human Capital. *American Journal of Sociology*, 94: S52-94.

Coleman, James (1994). A Rational Choice Perspective on Economic Sociology. In Neil J. Smelser & Richard Swedberg (eds.), The Handbook of Economic Sociology. Princeton: Princeton University Press.

Oi, Walter Y. (1998). Gary Becker Expanding the Scope of

Economics. *Economic Inquiry*, XXXV (3) (July): 444-446.

Loury, Glenn (1977). A Dynamic Theory of Racial Income Differences. In Phyllis Wallance & Annette LaMond (eds.), *Women, Minorities, and Employment Discrimination*, pp.153-188. Lexington, Mass.: Lexington Books.

Parsons, Talcott & Neil J. Smelser (1956). *Economy and Society: A Study in the Integration of Economic and Social Theory*. New York: Free Press.

Rosen, Sherwin (1998). Crossing the Line. *Economic Inquiry*, XXXV (3) (July): 447-449.

Stigler, George J. & Gary S. Becker (1977). De Gustibus Non Est Disputandum. *American Economic Review*, 67(2):76-90.

Swedberg, Richard (1990). *Economics and Sociology*. Princeton: Princeton University Press.

Weber, Max (1949). *The Methodology of the Social Sciences*. New York: Free Press.

Zupan, Mark A. (1998). Conference on Economics and Sociology. *Economic Inquiry*, XXXVI (3) (July): 333-334.

第四章

法律的實證經濟分析

林明仁

學歷：芝加哥大學經濟學博士

現職：台灣大學經濟系助理教授

研究專長：勞動經濟學、法律經濟學

一、前言

　　各位老師、各位同學大家好，我是台大經濟系的林明仁助理教授。上個學期唐老師打電話給我的時候，我們把題目訂成法律經濟學。不過在整理文獻的過程當中，我發現對我而言，比較適合講授的，應該是所謂「實證的法律經濟學」。

　　法律經濟學的路線大概有幾種：最早的像是Gary Becker這些人，他們使用經濟模型來研究人爲什麼會犯罪，一個人的犯罪選擇，就是解極大化期望效用（maximize expected utility）的結果，裏面的機率（probability），就是犯罪防治投入（例如警察、監獄、刑罰）的函數。解這樣的一個模型之後，比較靜態分析就可以告訴我們，警察人數的多寡，或是刑期的長短，會對犯罪率造成什麼樣的影響。Becker一九六八年在JPE的那篇文章，基本上就是沿著這一個路線，他有一個滿奇怪也滿有名的結論，就是我們應該把被捕機率放到很低，但是把刑罰提到非常非常的高，你的期望刑罰（expected payoff of committing a crime，即被補後的機率乘以被捕之後的刑罰）設計與原來的一樣，也就是說，如果不想用那麼多警察，把刑期提到很高也可以達到相同的效果。但這樣就會出現一個問題：比如在路上闖紅燈，是不是就得處死？因爲闖紅燈所能得到的報酬非常非常少，但給你一個非常非常大的處罰的時候，你就會決定不要闖紅燈。

　　不過你如果在芝加哥聽過Gary Becker的研習課的話，Sherwin Rosen就會舉手說：「那如果我是闖紅燈的人，我就會

把警察或是看到我犯罪的人統統殺掉，因為反正橫豎我是要死的。」所以在這個模式的解裏面，防止的邊際效際（marginal deterrence）就沒有成功，後來就有一些人出來做一些修正。這是第一條路線。

第二條路就是比較哲學思辨層次上的問題，也就是法律本身應該在社會扮演什麼樣的角色？法律在處理社會問題的時候，如果碰到不公平、不正義的事，應該要怎麼辦？這個社會的目標到底是什麼？關於這些文獻，你們應該滿熟悉的，像是Rawls的「正義論」，朱敬一老師、熊秉元老師以及貴所的周治邦老師都對理論跟哲學思辨的部分有很深入的研究，所以，今天我不會班門弄斧的碰觸到這兩方面。

我今天的重點或許可以將其稱為第三條路或實證的法律經濟學，可以用下面的例子來說明：如果有一個理論，比如說「若警察人數增加或是犯罪刑期增加，犯罪率就會減少」（這是Becker的理論）。第一個問題是：實證的資料有沒有辦法支持這樣的理論？第二個問題是：支持的程度有多大？用統計的術語來說，第一個問題就是：估計出來的解，是不是顯著的（significant）？第二個問題則是：即使是顯著的，它的大小有多大？第二個問題，對於做研究的人來說，常常是被忽略的。因為常常就是跑出一個結果，告訴你這有99.99%的顯著，你就覺得找到一個很棒的東西，但是它的可能只有0.0001，那麼這代表了即使它顯著，但是在這個世界裏這件事情發生或不發生，對於研究的課題影響程度幾乎是零。那即使它顯著，但做這個幹嘛？這是做實證的人常常會犯的錯誤，所以我今天是用實證的角度，先問法律本身感興趣的問題以及理論所推導出來的結果（testable implication），再看看現實世界的資料是不是可以支持

這些結論。如果做出來是「有」或是「沒有」，再看是什麼原因導致「有」或是「沒有」，這就是我今天的主題。

二、思索性議題

我剛剛問的問題，大概可以被概括在下面這個我最近收到的電子郵件裏：

第一個問題：如果你知道有一個女人懷孕了，她已經生了八個小孩，其中有三個耳朵聾、兩個眼睛瞎、一個智能不足，而這女人自己又有梅毒。請問，你會建議她墮胎嗎？

第二個問題：現在要選舉一名領袖，而你這一票很關鍵。下面是關於這三位候選人的一些事實：

候選人A：跟一些不誠實的政客有往來，而且會諮詢占星學家。他有婚外情，是一個老菸槍，每天喝八至十杯的馬丁尼。

候選人B：他過去有兩次被解雇的記錄，睡覺睡到中午才起來，大學時吸過鴉片，而且每天傍晚會喝一夸特的威士忌。

候選人C：他是一位受勳的戰爭英雄、素食主義者，不抽菸、只偶爾喝一點啤酒。從沒有發生過婚外情。

請問你會在這些候選人中選哪一個？對我來說，第二個問題會比第一個問題簡單一點，很明顯不可能去選C這麼清高的人，因為你要他去做政治這種骯髒事，當然也會希望他糟一點。電子郵件最後的答案如下：候選人A是羅斯福（F. Roosevelt）、B是邱吉爾（W. Churchill）、C是希特勒（A. Hitler）。最清高的人反而對世界帶來最大的危害。

關於第一個問題，大家應該最後都會選擇墮胎，當然也可

能有另外一種說法，主張每個生命都有他獨特的權利，在他還沒有被生出來之前，你怎麼知道他會變成什麼樣子，我們應該給他一個機會。最後，這女人的第九個小孩被生出來了，他的名字叫貝多芬（L. Beethoven），貝多芬對於人類文明的發展有很大的貢獻。

　　這個電子郵件最後的總結是：「不要用既定的價值觀來思考事物」。我覺得很有趣的是，我們在看同一個問題，我跟他的看法完全不同，但是我們兩個都爭辯說我們是「不要用既定的價值觀來思考事物」。「不要用既定的價值觀來思考事物」不代表「用同情，而不用理性」跟「看單一個人，而不看全體」。單一的事件事實上並沒有辦法作為統計上的基礎，我們應該要問的是統計證據（statistical evidence）到底告訴我們的是什麼。

　　回到剛剛那個問題，如果你發現媽媽很糟糕，家計也很糟糕，那麼你應不應該把那個媽媽結紮，叫她不要生小孩？人道主義者會說：「不行，你應該要給每個小孩一個機會。」經濟學家講求的是效率，所以經濟學家就會問：「如果你讓這些看起來比較有可能生出不好的小孩的人都生小孩，會有什麼後果？那這些後果是不是這個社會願意見到的？至少，你要把這些事情講清楚，那我們才能再來談說這個政策是不是有意義。」這就是Freedom所講的實證（positive）跟規範（normative）的先後關係：先搞清楚事情是怎麼發生，再加入我們的道德觀或是偏好來判斷政策的良窳。

三、實證（positive）跟規範（normative）衝突的問題

我們可以想像：若小孩的家庭環境很糟糕，爸媽也不喜歡他的話，他以後可能考試考不好（無法累積人力資本）、較容易犯罪，然後一輩子生活在這個社會最底層的機率會提高許多。於是我的指導教授，芝加哥大學的Steve Levitt就想，有沒有一個符合自然實證（natural experiment）的政府政策可以告訴我們：如果有機會，可以把這樣一個小孩從世界上去除掉，對於社會會有什麼影響？這個問題非常非常大膽，他每天都會收到很多電子郵件咒罵他為什麼要問這個問題、很可惡。我自己上課把這個當作教材時，下課也會有很多學生，特別是女生，跑過來眼淚快要掉下來的說，我們應該要給這些小孩一個機會。這邊你就可以看到實證（positive）跟規範（normative）的衝突。

在美國事實上曾經有過這種自然實驗（natural experiment），就是墮胎法案（Roe vs. Wade）的通過。聯邦最高法院最後判定是婦女應有選擇是否墮胎的自由（pro-choice），州政府不應干涉。這個法案大概是在一九七二、一九七三年左右通過的，大概到了一九七六、一九七七年的時候，所有的州都已經有墮胎的法律。美國跟台灣不太一樣，在台灣你可能覺得通過優生保健法與否，對於大學生是否去墮胎，可能一點影響也沒有，因為我們社會在執行法律上並不是那麼積極（當然某程度來說，你也可以說這樣是有效率的）；但是在美國，有這個法

律跟沒有這個法律,是有重大衝擊的（significant impact）。

　　我們可以想像,在各州有了墮胎的法律之後,什麼樣子的小孩會被拿掉?機率上來說,當然是雙親的經社教育背景比較差的。如果你已經大學畢業、三十歲了,那麼,你會不小心懷孕而不想生下小孩的機率,就比一個十六歲、休學無業、在社會奇怪角落鬼混的女孩要低很多。如果我們有一個實驗,讓這樣的母親不要把小孩生出來,會不會對犯罪率有影響?Levitt拿各州的資料去做迴歸,提出五、六種不同的方法後發現,當這個墮胎法案通過的十六年之後（十六到二十五歲是犯罪高峰的年紀）,比較早宣布墮胎法案的州,它就比較早進入犯罪率下降的週期;比較晚宣布的州,進入犯罪週期的下降就較晚。舉例來說,像加州、紐約州這些立刻修法的州,就比較早進入犯罪率（一九八九、九〇年左右）的下降。這個下降的比率大概從每十萬人有十個被謀殺,下降到每十萬人有六個被謀殺。這是百分之四十的下降率,統計資料顯示,大概有四分之一到三分之一的減少是可以被我剛才所說的墮胎法律所解釋的。

　　不過這個例子,還是會有剛才實證（positive）跟規範（normative）的衝突問題。你當然可以說,不讓一個小孩生出來是不道德的,應該要給他一個機會;但是從整個社會來說,如果你發現墮胎的法案可以讓犯罪率下降這麼多的話,我相信那一定就會有很多人重新考慮他們的看法。當然也會有很多人說:不管你告訴我實證的結果是怎麼樣,我就是認為做這件事是不對的。但是即使如此,法律經濟學的分析還是可以讓我們對造成社會問題認知歧異的癥結有更完整而深入的瞭解,亦即:我們是在道德價值判斷基礎上的不同意呢?還是在政策結果上的不同意?這對政策分析來說是很重要的,因為大部分的

情況下，認知歧異的本質是來自對因果關係的判斷不同，可是卻被道德的理由影響而失焦了。

四、法津學與經濟學之衡量

法律經濟學，傳統上有人認爲就是「法律來規範經濟行爲」。但後來Becker提出了一個很有趣的概念：只要背後隱含著選擇的機制的話，經濟學可以用來分析任何事物，這當然也包括法律行爲。因此法律經濟學比較強調的，即是怎樣用經濟學來分析法律制訂之後的後果。

基本上法律強調的主題是社會正義跟公平，所以法律不太可能出現有錢人的小孩殺人被判十年，而沒錢人的小孩被判三十年的結果；但是經濟學比較強調的是效率和可行性，如果從效率出發的話，那或許就會有如果你殺了人，你爸爸願意花兩億捐給監獄做基金的話，那也許可以少關個五年這樣的觀點。從效率的角度或許可能，不過我在這邊不打算挑戰這個問題，因爲這太衝突了。

而經濟學家關心的問題是：這個法律能不能被執行？執行的代價有多大？執行之後，能不能達到所要的目的？從頭到尾都是效率（efficiency）的概念。我們舉一個實際的例子。土地增值稅曾經被討論要依實際交易或是公告地價課稅，此時經濟學家就會問：要怎麼知道「眞實」的交易價格是什麼？土地交易跟其他交易不一樣的地方，就在於它「被交易的頻率比較低」。「被交易的頻率比較低」則表示要「在市場上找到參考價格」的問題就比較大。雖然說，如果花費夠多的稽核人力，最

後還是一定可以找出實際價格，但花這麼多成本到底合不合理？

　　另一個與效率有關的問題則是：「為什麼需要法律？」經濟學家常掛在嘴邊的是「市場是有效率的」。如果「市場是有效率的」，那為什麼需要法律來規範我們的行為？有關於效率與市場之間的關係可以從「一般均衡理論」中的「第一福利定理」跟「第二福利定理」來說明。「第一福利定理」告訴我們：市場競爭一定會達到一個最有效率的境界；如果是這樣的話，法律其實是沒有任何置喙的餘地，頂多只是在兩個人交易東西的時候，有一個警察在旁邊看著，確保交易可以順利執行，不會有人拿了東西沒付錢就跑了。「第二福利定理」則告訴我們每一個最佳配置，都可以被一個競爭均衡來支撐。因此當「第一福利定理」跟「第二福利定理」在現實世界存在的話，法律就沒有出手的餘地；反過來說，當這兩個定理有問題的時候，法律「可能」就有存在的必要。

　　但是當有外部性、公共財、資訊不對稱等問題存在時，一般均衡的大同世界可能就無法出現。這在文獻上就叫作「市場失靈」。但是，這並不表示法律在這時候就一定要介入，因為我們還要考慮相對於市場失靈的「政府失靈」，或者說「法律失靈」。當然這兩者的層次不太相同，「政府失靈」是說明明我交給你一個完善的法律，但是因為執行的人很笨或是很自私，所以就不會好好的執行；而「法律失靈」是說有一些分配的問題，不管你再怎麼制定精細的法律，都沒有辦法達到你所要的結果，這時候，你到底要不要把法律這塊這麼大的招牌抬出來？

　　法律跟經濟的衝突點可能就在這裏：一方面，法律需要公

平正義，但另一方面，效率可能才是最重要的。把這個衝突點推到極致的是Shavell跟Kaplow，他們在二○○二年所出的一本書 “*Fairness and Welfare*”，以及二○○三年JPE的一篇文章中，問了一個最根本的問題，就是：「法律到底應不應該處理效率以外的問題？」這是一個根本且尖銳的問題，如果這個問題的答案是：「是，法律只能處理跟效率有關的問題。」這就表示法律變成了經濟學。他們的結論是：如果法律沒有按照效率的標準來設計的話，那它就會讓整個社會的社會福利降低（這當然有點廢話，因爲這就是效率的定義）。因此，Shavell跟Kaplow就大力提倡法律不要去處理分配、公平正義的問題，它只要處理效率的問題就好了。把所得重分配或是公平正義的問題，交給其他像財政政策或是社會福利政策來處理。我想，這個論點你拿去問十個法律學家，一定十個都反對。Shavell跟Kaplow雖然是經濟學家，但是在哈佛法律學院教書，可以料想他們應該也是經歷了一段被批判的痛苦時期。這個問題目前還是持續討論中，不知道未來還會不會有人做出不同的反應，只是給各位同學一個提示：已經有人直接在爭辯「法律就是效率、效率就是法律」。背後的陰謀就是「法律就是經濟學，就是效率；效率就是經濟學，就是法律」。

五、經濟學之脈絡

如果你翻開法律經濟學的課本，其脈絡大概還是以理論爲主，因爲實證的法律經濟學，大概是這五、六年才開始的。它會從一些個體經濟學的理論開始講，再把它應用到一些法律的

分支上。法律的分支基本上有幾類：第一類就是侵權行為，比如說你在你家陽台洗衣服，不小心把花盆踢倒了而傷到樓下的人，這時候需要做什麼樣的賠償。經濟學跟法律一個非常不同的地方，就是法律非常重視意圖，如果行為人沒有這樣的意圖，那處罰就會比較輕；但是經濟學者則認為，意圖是很難判定的，所以這時候只好問另一個問題：當行為要「不故意、非常小心」的時候，得付出多少成本？走路的人要時時刻刻注意有沒有花盆掉下來，跟洗衣服的人要時時刻刻注意手不要碰到花盆，這兩個成本到底誰比較大？這就是把效率引進侵權法的最主要目的：讓法律可以引導成本較低的那個人做出小心行事的動作。

　　第二個分支則是財產權，也就是要怎麼制定財產權，才會獲得更有效率的結果？交易能不能夠順利進行？國家財產權制度的好壞，對於經濟成長是不是有影響？第三個分支是契約。它跟侵權行為比較類似，要問的問題主要是如何制定一個比較有效率的契約？或是怎樣設計一個讓比較有效率的結果可顯示出來的契約？第四個則是所謂的法律程序（legal procedure），也就是不同的訴訟程序，會對告訴行為產生什麼樣的影響？第五則是犯罪經濟學：它問的問題就是社會狀況及法律制度會如何影響犯罪行為？這也是目前實證法律經濟學著墨最多的領域，原因很簡單，因為只有犯罪資料是比較好拿到。除了犯罪類別詳細資料外，在美國還可以拿到陪審團的基本資料及審判結果等，這些都可以讓我們問很多有趣的問題。

六、寇斯（Coase）定理與相關實證

由於不同理論對政策或法律後果會有不同預測，因此經濟學家就會想要測試理論的正確性以及估計政策效果的大小，接著我就來介紹一些經常被測試的理論：我們都知道把「效率」用在財產權等法律問題的祖師爺就是Ronald Coase的「寇斯（Coase）定理」。「Coase定理」的內容是：交易成本如果是零或是很小，那麼財產權不管一開始如何分配，最後資源配置都會掉到最有效率的那個人的手上。所以某種程度來說，Coase定理跟兩個福利定理是互相呼應的，如果交易可以順利進行、財產權可以有效率的轉移，政府就沒必要存在了。個體經濟學常舉的例子就是你要漂白衣服，但你家隔壁就是污染工廠，則空氣的財產權不論一開始分配給誰，最後還是會掉到使用空氣最有效率的人手上。

Coase定理雖然是一個很簡單的論點，但其實它可以被應用在許多的情境（只要你清楚知道財產權的含義為何）。如果剛好有適合的數據資料，你也可以做成實證的分析，像是我最喜歡舉的「女生留宿男生宿舍」的例子。在我當學生的時候，這是一個很麻煩的問題。問題是這樣：學長可能常常會帶他的女朋友回來，他們需要一個安靜的空間；學弟在宿舍裏面讀書，他也需要一個安靜的空間。所以此處雙方對一個沒有被定義的「單獨使用宿舍空間的權利」的財產權，產生了使用上的衝突。之前台大也曾經鬧過類似事件，記者去訪問，一般學生的意見分為兩派：一派就是說大家都長大了，不需要去規範這樣的行

為；另外一派就覺得我們住在男生宿舍，有享受耳根清靜、眼睛清靜的權利。在這個例子裏，校方就是政府，不管它有沒有做處置，都是在分配財產權。如果它規定女生都不能進男生宿舍，那就是把使用清靜宿舍空間的財產權分配給那個每天在宿舍念書的學弟；反之則是分配給那個交遊廣闊的學長。Coase定理說，不管你一開始財產權分配給誰，最後清靜宿舍空間的使用都會掉到最有效率的那個人手上，在這個例子中最有效率的使用者是誰？這就要看學弟跟學長各願意付出多少錢，來買「單獨使用宿舍空間」的權利。假設學長不使用寢室，他可能要花一千元到外面去；而學弟不使用寢室，他可能要花三百元到K書中心去。這時候自願交易就會發生，學長就會說：「我給你四百元，你去K書中心，順便買杯飲料，三個小時之後再回來。」

　　我會舉這個例子，是因為我以前就住在宿舍，這些事情是每天都會發生的，如果各位覺得這個例子太小了，我們應該要討論國家政策的問題，那Coase定理也有適用之處。比如說統一或獨立的問題，就是台灣的主權是應該歸屬於二千三百萬人呢？還是十三億人也有權利呢？Coase定理告訴我們：如果沒有交易成本，那麼一開始將主權分配給誰，對最後誰擁有這個主權是沒有影響的。如果二千三百萬人對主權願付的價格只有一百億美元，但十三億人說我們願意拿出一年三百億美元、連續給三十年，來誓死維護領土的完整。那在這樣的自願無交易成本的條件之下，最後主權還是會掉到最有效率的使用者或願付價格較高的一方手上；　不過反過來說，如果交易成本很大，Coase定理就不適用了，法律可能就有必要介入。

　　另一個應用Coase定理的有趣例子是「離婚」。Becker在他的家庭經濟學課程中就提到：離婚法律的改變，對於最後離婚

這一事件會不會發生，是沒有影響的。離婚的法律在美國有兩種，一種是unilateral（單方同意）、一種是bilateral（雙方同意）。單方同意就是不管對方同不同意，我要離就離；雙方同意就是今天我要離婚，我還要拜託我的老公簽字，但他可簽可不簽，對方如果不簽就離不成，這叫兩願離婚。離婚，表示對婚姻這一個財產權做出移轉，如果是單願離婚，表示這個婚姻的財產權是在「想要離婚的那個人」手上；但如果是「兩願離婚」，就表示法律把婚姻的財產權給了那個「不想離婚的人」。

有一位女性經濟學家就使用Coase定理，去研究「法律制度的改變對離婚的比率有沒有影響」這個議題。如果Coase定理成立，那實證上我們應該會看到制度改變對離婚率沒有影響。這位作者檢驗了五種不同的模型設定，發現只有一個模型是正且顯著（即法律對離婚確有影響，Coase定理不適用），其他四個模型設定則都是不顯著的，因此Coase定理在此處似乎可以得到支持。

關於Coase定理在財產權上的應用，我剛剛舉了離婚的例子。很多時候我們也會問，那是不是制定了財產權就會比較有效率呢？很多政治學家、人類學家，或經濟學家都對此問題有興趣。傳統的經濟學認為，政府出面制定並維護財產權使紛爭與風險減少，交易成本降低就可以促進經濟成長。但是最近很多浮上檯面的實證研究都發現，有了財產權的結果，並沒有我們所想像的那麼好。我舉兩個例子，第一是在一八四八至一八四九年美國淘金熱的時候，一開始是淘金人自己畫地盤然後輪班帶槍守候。運作還滿順暢的，除了每天出門都要帶槍枝外，倒也沒有真的發生械鬥的狀況，大家的利潤也還不錯。後來政府出現了，政府說：「這樣不行，你看你們大家都帶槍這樣多

危險。從現在開始大家只要交稅，由政府來統一做登記、保護、管制的工作就可以了。」但是過幾年之後，大家卻發現，為什麼我們淘金的成本變高了？政府幫大家登記財產權之後，我們反而要付出更多成本才能淘到一樣數量的金子？

　　第二個例子是Besley一九九五年在JPE的文章，他也是問同一個問題。財產權的實證研究很困難的一點：我們很難找到一個乾淨的數據，讓我們可以清楚的比較「有財產權」跟「沒有財產權」的差別。比如你要說明「房子有所有權是很好的」，就得要先找到一個地方是大家都沒有房子所有權才能做比較，這就很困難。在實證上，我們常常碰到這類難題。用統計術語來說，就是這個資料沒有變化（variation）。然而即使有變化，被解釋變數的選擇也是一個問題，比如說房子所有權影響的是其他資產的配置？還是讓你比較容易把小孩養大？這篇文章的特點，是他找到了一個在迦納非常原始的社會，此資料的優點是土地財產權是非常不普及的。所以問A說：「這土地是哪來的？」他說：「是我爸爸給我的。」「你爸爸為什麼給你？」「我爸爸有跟族長報備過，所以就給我種。」「那你可以把這土地賣給別人嗎？」「不行不行，不能賣。」「那你可以租給別人嗎？」「可以租。」但是你再去問另外一個人B：「這土地是哪來的？」「是我爸爸給我的。」但是你再進一步問說可不可以租給別人？他說：「不行，我爸爸說不能租。」因為每一筆土地都有不同程度的財產權定義，因此這個資料就可以幫助我們克服前述無變異的問題，就是有較完備的財產權之後，在土地上投資改良的意願也會增加，結果當然就是收入的增加了。再者因為是農業社會，所以投資也非常簡單，就只是挖水溝、種大樹以及土壤改良措施罷了；這些變數都很容易衡量的。比較有趣的是，

最後作者發現「財產權對於土地產出的影響雖為正但很小，只有百分之六至百分之七左右」。許多評論者就認為這百分之六至百分之七，大約也與族長分配土地的效率差不多而已。這篇文章的另一個問題則是在使用兩階段（two-stage）估計方法時，第一個階段（first stage）的結果是不符理論預測的，不過最後還是登出來了。我想瑕不掩瑜的原因，應是編輯們讚賞作者「願意上山下海去拿乾淨資料」的努力。因此整體來說，財產權對社會是否真有正面影響，在實證上還是一個未完全解決的問題。

七、實證經濟學新興方向

另外，目前實證經濟學的一個新興方向，就是資料愈奇怪、愈難拿愈好。比如賽局理論中最有名的一種叫「分一塊錢」的遊戲（ultimate game）。規則很簡單：有一筆錢，我提如何分配的方法，如果你同意，就照我的方法分，如果你不同意的話，那大家都沒得拿。假設標的是一百塊的話，理論上最後的均衡解應是我的提案：「我拿九十九塊你拿一塊」，而你也會同意，因為一塊比零元（不同意）要大。不過大部分實驗結果都和理論預測不符，因為許多人會覺得「污辱我！只給我一塊！好，我們玉石俱焚」。導致此一結果的重要原因可能是實驗設計本身的問題。這一百塊錢，對於一個還滿有錢的人來說，即使沒有人知道他接受一個非常低的offer，他自己也會看不起自己。反過來如果今天分的是一百萬元，我說九十九萬元給我、一萬元給你，你要不要？我敢打賭，今天在座的同學裏面至少

有三分之一的人就拿了，因為一萬塊畢竟是一個大數目。不過對經濟學家來說，一組人要拿一百萬元出來玩，這是不可能的，國科會不可能給這麼多的研究經費。

　　為了解決這個問題，有三個經濟學家就邀請七個人類學家，找遍全世界十五個原始社會（其中一個甚至連「褲子」是什麼都不知道，所以當這些人類學家去了之後，深深改變了他們的生活，因為這些被實驗者看了他們的褲子，就要了幾件褲子當作禮物；而當人類學家要走的時候，居民抱怨褲子這個「新發明」把他們的社會搞得天翻地覆。因為有了褲子的口袋可以藏東西，採集所得東西就藏在口袋裏不充公，整個社會的分配系統就這樣被打亂了）。然後以一天到三天所得的工資（大約三至五美元）作為分配的標的。最後十五個社會的實驗平均結果，從百分之七十給自己、百分之三十給對方，到百分之三十給自己、百分之七十給對方都有，範圍很大。有人可能會覺得很奇怪，50-50這大家都可以接受，70-30也很合理，因為就自私嘛！但怎麼會有30-70呢？後來他們就發現，在這個社會，送禮跟收禮是一件很複雜的事情（有點像日本社會）。收了禮物後如果你沒有回送等值、甚至是超值的禮物，就會被人看不起。所以在提議的過程，有些人就覺得拿多了會更慘，所以他寧願把多的那一份給對方；而這個社會雖然平均有百分之七十是要給對方，但是拒絕率也是最高的。反而是70-30的那個社會，接受率很高，因為據人類學家的描述，這個社會的人跟人之間非常不友善，所以對方拿比較多給自己、拿比較少給對方，在這個社會反而是一個合理的結果，大家也就接受了。

八、經濟學的效率概念在犯罪防治之應用

　　最後我們來談經濟學的效率概念在犯罪防治上的應用，有關犯罪的成因，傳統的說法認爲取決於生物的遺傳因素，就是爸爸如果犯罪的話，那小孩也就比較會犯罪，因爲這是遺傳的性格。也有人認爲一個人的家庭背景，比如說小孩是不是在被期待的狀況下所生出來、父母親教育程度的高低……等，對犯罪也有相當程度的影響。此即天性與教養（Nature vs. Nurture）的論戰，有人研究從出生開始就被收養的小孩，他們長大以後的犯罪率，究竟是跟他們養父母的關係比較大、還是跟他們親生父母親的關係比較大。那背後的目的當然是想知道一個人會不會犯罪，是跟遺傳比較有關係、還是跟環境比較有關係。最後的結果，是小孩的犯罪傾向，反而是跟他們素未謀面的親生父母比較有關係，而跟養父母的家庭環境較沒有關係。這個結果，當然是很震撼的。

　　事實上，我目前的研究，就是想要討論「早產兒與犯罪傾向是否有關係」。當然，有些人會認爲如果最後的結論是肯定的話，會不會成爲希特勒式優生學的幫凶。但是我還是要回到我之前一再強調的：在實證分析上先將因果關係釐清是道德價值判斷上不可或缺的基礎；再者，如果孕婦知道新生兒早產會對小孩將來的成就有影響，她可能就會避免抽菸、喝酒，或服用藥物，以避免新生兒早產。

　　在經濟學家目前研究的課題上面，除了墮胎之外，「警察人數」對於犯罪率的影響也是重點。警察人數比較多，犯罪率

就會比較低嗎？許多實證研究就發現，一個地方警察人數多，反而犯罪率是偏高的。當這個結果重複在不同地區的資料上出現時，有些人就開始認爲說不定警察才是犯罪的淵藪。不過我的指導教授Steve Levitt在一九九七年AER的一篇文章中則指出：這個現象可能是因爲當犯罪率提升時，政府雇用更多的警察來維持治安的結果，這就是所謂內生性的問題。此一問題也發生在監獄人數上，相類似的例子還有失業率、都市化程度對犯罪率的影響等等。

　　另一個熱門問題是「槍枝合法化」。大家知道，美國法律基本上是允許國民擁有槍枝，不過各州的規定不同，有些州允許、有些州不允許。那麼，是否允許持有槍枝，跟謀殺案的比率是否有關？直觀來說，槍枝容易取得，當然就很容易拿來濫用，謀殺案件應該會比較多才對（最常被引用的例子是科羅拉多州的高中校園屠殺事件）。可是John Lott的實證研究發現，允許合法持有槍枝的州，謀殺率較低。大家可以想像，在不允許持有槍枝的地方，歹徒拿著槍要到路上搶劫一個老太太，可能很容易就得手了；但如果是在一個允許每個成年國民都可以合法擁有槍枝的州，歹徒搶劫一個年老力衰的老太太時，她可能手假裝伸進皮包拿錢卻掏出一把小型左輪手槍，一槍把歹徒打死了，因此出門搶劫，就必須承擔可能有人掏槍將你擊斃的風險。不過換句話說，一旦我決定出門搶劫，是否就得先把對方打死再搶呢？這也是另外一個值得討論的情況。

　　還有一個大家關心的話題是，「死刑」是不是嚇阻效果比較大？實證上兩者關係仍是未定調的，反而是在監獄中死亡的機率跟犯罪率才有比較大的關係。另一個有趣的問題是，「黑人或有色人種是不是比較容易被判死刑？」答案是肯定的。根

據陪審團資料所做的實證研究顯示，黑人犯罪，被陪審團認定為有罪，然後被判死刑的機會的確是比白人高。但是，黑人在被判了死刑之後，在碰到州長大選時被延遲執行的機率也較高，這是因爲州長簽字執行死刑的時間與政治上的利益有關。

九、結語

由於時間的關係，我的報告就到此結束。我今天的目的是希望藉由介紹目前學界最新的發展來說服各位：對經濟學（不論理論或實證）的理解是生產出精確有效法律分析的必要條件。再者，任何法律或政策建議的背後，也都必須有堅實的資料與統計檢測（及實證）加以支持，這樣才不會落入一般人直線式思考的陷阱之中。

（責任校稿：康景翔、康禎庭、楊宗穎）

參考文獻

Ayres & Levitt (1998). Measuring Positive Externalites from Unobserved Victim Precaution: An Empirical Analysis of Lojack, *Quarterly Journal of Economics*, 113: 43-77.

Becker (1968). Crime and Punishment: An Economic Approach. *Journal of Political Economy*, 76: 169-217.

Becker & Stigler (1973). Law Enforcement, Malfeasance and Compensation of En-forcers. *Journal of Legal Studies*, 1-18.

Besley (1995). Property Rights and Investment incentives: Evidence from Ghana. *Journal of Political Economy*, 103: 903-937.

Corman & Mocan (2000). A Time-Series Analysis of Crime, Deterrence, and Drug Abuse in New York City, *American Economic Review*, 90(3): 584-604.

Duggan (2001). More Guns, More Crime. *Journal of Political Economy*, 109(5): 1086-1114.

Ehrlish, Isaac (1975). The Deterrence E ect of Capital Punishment: A Question of Life and Death, *American Economic Review*, 65(3): 397-417.

Levitt & Dunbar (2005). *Freakonomics*, William and Morrow.

Levitt, S (1997). Using Electoral Cycle in Police Hiring to Estimate the E ect of Police on Crime, *American Economic Review*, 87(3): 270-290.

Levitt (1996). The E ect of Prison Population Size on Crime Rates: Evidence from Prison Overcrowding Litigation, *QJE* 111, 319-

352.

Levitt & Venkatesh (2000). An Economic Analysis of a Drug Selling Gang's Finance. *QJE* 115, 755-789.

Levitt and Donohue (2001). Legalized Abortion as an Explanation for the Decline in Crime. *QJE* 116, 379-420.

Lott & Mustard (1997). Crime, Deterrence and Right-to-Carry Concealed Hand-guns. *Journal of Legal Studies*, 26: 1-68.

Ludwig (1998). Concealed-Gun-Carrying Laws and Violent Crime: Evidence from State Panel Data, *International Review of Law and Economics*, 18: 239-254.

McCormick & Tollison (1984). Crime on the Court, *JPE*, 92(2): 223-235.

第五章

文化經濟學：
過去與未來

劉瑞華

學歷：華盛頓大學經濟學博士
現職：國立清華大學經濟學系副教授
研究專長：新制度經濟學

一、文化經濟學：文化與經濟學

　　「文化經濟學」是我在清華大學開給大學部學生修的課，本來是想開在通識課程，不過後來修課的學生還是以經濟系的學生為主。我用的課程名稱是「文化與經濟」，是希望儘量把「經濟學」的成分降低一點，不要有那麼學術理論的感覺。

　　當初會讓我有興趣教文化經濟學這門課的原因是，我發現到經濟系的學生，經濟學念的愈多，愈容易完全傾向以經濟學的角度來看事情或理解世界。現實世界中，很多經濟相關事情會與其他因素糾纏在一起。怎樣來理解經濟問題核心，未必完全根據經濟學的架構來瞭解。要在經濟學領域中工作，也許專業是重要的。但是，如果不是念到博士畢業，其他工作上的需要，可能不只有經濟學而已，要考慮的可能會比經濟學要多一點。

　　有一個現象很有趣，經濟學系的老師在談論經濟問題的時候，每每只要有人提到這個問題是「文化因素」所造成，那就好像說出了一個密語，意思說這個對話就應該要結束，因為談不下去了。把各種可談的因素談過了，但是還無法解釋，提到文化因素，就把所有問題都包括進去，不能再解釋，也不必解釋了。

　　文化經濟學並非新的領域，被提及的文獻可以上溯至Thorstein Veblen、John Maynard Keynes與Lionel Robbins等人，文化經濟學（Cultural Economics）這個辭彙早在一九六○年代就正式出現在期刊上。當時的重要學者包括William Baumol、Kenneth

Boulding與Alan Peacock等人，而且出版了 *"Journal of Cultural Economics"*。不過，另一方面， *"Journal of Economic Literature"* 的分類裏，至今文化經濟學還沒有單獨的項目，而是被歸爲 Z1。比起其他的經濟學領域，文化經濟學的發展確實相當遲緩，在美國尤其明顯。近來，文化經濟學的研究有較顯著的增加，產生的文獻也呈現多元化的情況，因此值得做一些介紹。

　　文化經濟學廣泛涵蓋研究文化的經濟分析，有理論的議題，也有應用分析與政策研究。主流的經濟學核心理論裏很難發現文化因素的地位，原因在於自從新古典理論成爲經濟學的基本架構之後，經濟學一直在追求一般化的理論，而文化因素則充滿了特殊性或差異性的內容。因此，雖然有不少經濟學者很早就注意到文化在經濟行爲與經濟問題中的重要性，但是將文化視爲研究主題的作法甚爲少見，而且得不到經濟學學術社群裏的尊重。由於新古典經濟理論穩定控制住經濟學的學習領域之後，開始往各種社會行爲與現象擴張，再加上政府政策中文化項目的資源配置隨著社會需要而提高，文化經濟學在應用面的機會增加，而有較高的曝光率。

　　隨著應用議題的增加，文化經濟學的文獻近來增加不少，因而提高經濟學界對文化研究的興趣，不過所著眼的重點基本上還停留在應用的層面，在理論議題上還少有深入的進展。另一方面，原本就不忌諱討論文化因素的經濟史，以及廣泛探討制度因素的新制度經濟學，在原本領域中發展的理論有很大的進步，而這些進展提供了不少文化研究的相關途徑。這些領域中的研究有許多試圖打破既有的主流經濟學架構的嘗試，文化因素的考慮即是其中重要的原因之一，雖然各個領域裏考慮文化的目的未必完全相同，但是必須界定出能被普遍接受的文化

定義與範圍，因此這些領域中研究文化的作法必須與文化經濟學進行溝通。

　　結合不同領域中研究文化的興趣與作法，文化經濟學的理論發展有了較樂觀的展望。而且，近來隨著經濟活動全球化，以及資訊傳輸技術所帶動的知識經濟結構發展，文化的重要性引起各個國家社會的關注，也因而產生了許多的政策議題。既有議題的應用需求有顯著加速的成長，而且新的議題亦不斷出現。經濟學的傳統領域在原本堅固的結構下，並未適當的轉化出新的理論典範。以管理學為對照，管理學界的國際企業、科技管理隨著環境改變應運而生，經濟學界的傳統領域只將新的議題視為應用的延伸。相形之下，新的領域對於新議題進行理論發展的可能性較高，因此文化經濟學的未來發展有很大的空間。

　　本文要對文化經濟學過去的發展與未來的展望進行概括式的討論，希望能讓讀者有所瞭解，也希望能引起研究者的興趣，共同在這個更新的領域中努力。以下第二節，介紹文化經濟學過去發展的重點，第三節提出新制度理論可以結合文化研究的理論依據，第四節是簡單的結論。

二、研究文化與文化研究

　　雖然文化經濟學的發展初期，許多開創性的學者主張文化經濟學應該有特殊的理論建樹，但是實際的研究因為受到實證經濟學方法論的影響，為了避免文化議題在定義上的複雜性，所以通常將文化限定在狹窄的範圍內。基於既定的理論分析工

具，文化只是作爲限定議題的分類項目，將文化經濟學的研究
對象限定在文化活動與文化環境，主要可分爲兩大類：(1)文化
活動的市場與產業研究；(2)既定文化因素對經濟活動的影響。

　　文化活動又可分爲是包含於市場經濟活動之內的以及不屬
於市場經濟性質的活動，前者例如表演藝術、影視娛樂（電
影、電視）、藝術品（畫作、雕刻）交易、美術館等等；後者例
如宗教、祭祀、公益活動（捐款、捐血、義工）、禮俗（節慶、
送禮）等等。除了私人的文化活動之外，這類研究還包括了公
共財的議題，在分析個人消費（參與）行爲之外，透過市場失
靈的論點，許多的研究都包含政府政策意涵，例如政府對藝術
的補貼、公營美術館、租稅減免、國定假日等等。

　　在新古典經濟理論的脈絡之下，文化活動的市場分析所關
心的主要議題，往往指向政府政策，因此主題多半屬於公部
門，至於屬於私部門的主題則多數在於產業研究。由於文化活
動的產業性質具有相當的特色，而且公開發布的資料不多，許
多產業研究的重要價值在於建立資料。爲了配合經濟分析的工
具，建立產業資料的重點明顯傾向數量化的資料。以數量化資
料爲分析依據的研究論文比較有機會出版，然而由於產業資料
取得的困難度很高，文化活動的經濟分析實證文獻雖然增加，
但是比起其他領域的實證文獻，實在如鳳毛麟角。

　　文化活動的經濟分析基本上乃是新古典經濟學跨越至市場
活動之外的發展方向之一，這種作法曾經被譏爲社會科學裏的
經濟學帝國主義，所染指範圍包括社會、政治、法律、人類學
等等。不過，在文化這個範疇裏，經濟學帝國主義的威力實際
上遠不如在其他學科裏的表現。造成這種結果的原因很多，文
化這個議題未被清楚界定，在社會科學中並未成立這個學科，

主題不容易符合經濟學追求的科學標準，因此願意投身於這個領域的經濟學者並不多。也因為議題不明確，以及資料缺乏，很不容易獲得研究的成果。簡言之，文化議題因為還太過於蠻荒，所以經濟學還不大願意涉足其中。

　　文化經濟學文獻中的另一大類，是有關既定文化因素對經濟活動的影響，主要出現在跨國比較研究或研究歐美以外國家的文獻中。文獻中所考慮的既定文化因素主要包括宗教信仰（例如回教、佛教、日本神道）、國家或種族（例如亞洲、非洲）、國內族群（例如美洲印地安人）等等。這類文獻的研究議題不多，比較重要的影響在於引用其他學科的研究發現，例如社會學、人類學，形成科際整合的成果。

　　考慮既定的文化因素固然有提高經濟理論解釋力的效果，但是所謂既定文化因素有其局限性，而且未必有理論上的依據。在一般的經濟計量研究中，也可以加入代表環境條件的虛擬變數，考察既定文化因素是否對經濟現象有影響。然而，即使發現有顯著影響，由於理論模型中並未建構這些因素的實質分析，嚴格而言並不能稱為文化經濟學的研究。這種作法的目的主要只是為了提高經濟分析應用上的功能，控制住資料的差異性，以提高理論的解釋力，並非以文化為主題的研究。

　　以文化為核心主題的研究，往往因為難以取得豐富的數量化資料，或者觀察的問題攙雜了短期的影響因素，而讓文化因素的重要性難以凸顯。由於文化因素的影響是長期而穩定的，不容易觀察到變動，更難以進行變量分析，在經濟學的主流研究方法中很難獲得受肯定的成果。論述式的研究則很難獲得經濟學重要學術期刊的青睞。原本在經濟史的研究中，不乏討論及文化因素的研究，然而在經濟史學界出現數量化的傾向之

後，文化也成爲很稀奇的主題❶。

　　近來有利於文化經濟學的趨勢包括了科技與市場兩方面的
發展。科技方面，由於資訊的複製與傳輸成本大幅降低，許多
原本參與人數有限的文化藝術活動可以透過資訊科技而擴大，
因此提高了文化藝術的價值。市場方面，則因爲全球化的市場
擴大，提供了發展空間，讓文化藝術價值隨之提高。不過，伴
隨市場擴大而來的是競爭，文化活動的競爭淘汰對於政府與關
心此一議題的人士而言，不同於商品或產業的競爭，具競爭力
的強勢文化對於區域的弱勢文化形成了威脅，通常會導致政策
問題的討論。

　　不論是產業或市場的理由，或者政府政策的理由，在這些
力量驅使之下的文化經濟學研究仍然是屬於應用面的。以目前
政府推動的文化創意產業發展政策爲例，固然這個政策可以引
起更多人重視文化經濟學，但是增加的研究需求如果只是爲了
產業政策，缺乏理論基礎的研究很難獲致重要的成果。對於學
術上的發展是否形成有益的助力，其實都還是值得懷疑的。

三、文化經濟學的未來發展

　　我們要如何使經濟學中的工具箱（tool box）能夠有更精細
的工具處理文化議題？經濟學過去強調追求精確，像是一個精

---

❶ Temin, Peter (1997). Is It Kosher to Talk about Culture? *Journal of Economic History*, 57 (2) (June): 267-287. 這篇文章是Peter Temin擔任美國經濟史學會會長的演講。

準的工具機，切割出來的可能是很科學的結果。然而，我認為
文化是細緻而獨特的東西，像是一種雕刻，處理起來不能完全
依據精確的原則，而是要能掌握實質與延伸的意涵。直接考慮
文化的議題之後，當然經濟學的工具就必須調整。

　　文化經濟學必須直接處理文化這個核心議題，又必須依據
既有的經濟理論基礎。在理論的發展脈絡上，最能夠提供建樹
的方式是從新古典理性行為模型，加上容納文化因素的分析要
件。從理性行為模型的基礎思考，最主要的兩項理論要件就是
偏好與限制，文化的作用在這兩項因素上都有其發揮的餘地。
新制度經濟學多年來的發展，在有關行為限制條件的分析以及
理性假設的修正有些重要的貢獻，對於將文化納入經濟分析可
以有很大的幫助。

　　首先，就限制條件而言，新制度經濟學中的制度泛指人為
創造的行為限制條件，文化對行為的影響亦可以視為限制條
件，只是文化不同於一般的正式規則，其限制影響可以內化為
個人認知、組織（如家庭、宗族或企業）規範，或社會習俗與
慣例。文化限制的影響結構變化緩慢，影響作用雖然透過個人
認知，但是個人未必完全自覺，形成的過程須經過學習，而且
學習的內容基本上屬於潛移默化的知識（tacit knowledge）。

　　經由組織的影響，文化限制亦可經由人際互動而具體化成
為不成文的規範。組織的目標對於文化限制的形成固然重要，
但是組織內學習的過程可以使過去的限制長期延續，經由演化
的方式而改變。組織愈擴大，內部互動的方式愈複雜，而且可
能因為部分成員的密切互動而形成次文化，因此文化限制在大
組織中呈現多樣性，甚至有對立與矛盾的限制作用。個人可能
同時屬於多個組織，在不同組織中受到不同的文化限制的影

響，而形成不同的行為理性。例如，在工作組織中極力堅持科
學精神的人，可能在家庭或宗教組織中虔誠的信仰鬼神。這一
性質使得研究文化因素時必須考慮文化限制所對應的限制對
象。

　　組織的文化限制有組織目標的影響，社會的文化限制缺乏
明確的目標因素，長期延續的傳統則扮演更重要的角色。社會
的範圍通常大於任何組織，因此包含更多的次文化與多樣的區
域文化因素。次文化的演變過程、方式與速度可能都不同，過
於籠統的討論文化限制，即使在短期有相當的解釋力，隨著時
間演變，解釋力可能出現很大的差異。例如，討論服飾或音樂
的流行文化往往只能適用於特定的年齡層，而且即使是相同的
年齡層，在不同時代的流行內容也會有很大的差異。

　　新制度經濟學在制度研究所建構的最主要利器是契約理
論，對於文化研究所能產生的貢獻有限，即使勉強用契約解釋
文化，也僅能以默契（implicit contract）處理，而這部分的理論
發展並不豐富。Douglass North在一九九〇年提出制度中的非正
式規則（informal rules）應該包括了文化限制，但是要清楚區別
文化限制的範圍與性質，也還需要許多研究努力。若將研究範
圍集中在特定既有的文化因素，或者特定性質的組織內，可以
簡化問題的複雜性，較可能產生具體的成果。

　　除了在限制條件中考慮文化因素之外，另一種考慮文化的
途徑是透過個人的目標，也就是效用函數，將文化視為影響個
人評價行為目的的因素，也可稱之為文化價值。首先應該區分
兩種文化價值，一種是狹義的文化價值，專指美學或藝術的評
價；另一種是廣義的，泛指各種商品消費中個人價值判斷受到
文化環境的影響，其中也包括藝術品或藝術活動。在應用性

上，前者可能受到較多的關注，但是在經濟理論的操作上，後者的理論解釋比較抽象，能發揮較大的應用功能。

North在一九九〇年的書裏面還提到了心智模式（mental models），這是一個心理學的用詞，對於理解文化有相當大的幫助。North提出：在分析經濟行為中，不應該先假設人是理性的，這不僅是資訊是否完全的差別，還要考慮個人接收與處理資訊的能力與方法，也就是說，人的選擇是由其心智模式所決定。人在決定自己的行為時，必須要去處理資訊。要如何去處理、判斷資訊？每個人有一個心智模式，來選擇自己要接收怎樣的資訊。所以這還包括「能力」，他能有怎樣的能力來接收資訊。他在接收資訊處理之後，從這資訊來判斷他該採取怎樣的行動。

心智模式有一個重要的功能，就是會篩選資訊，因此人的行為並不會因為資訊不斷進來，而不斷地改變。心智模式會讓你的行為穩定下來。接下來，要提一個問題，就是心智模式從何而來？如何形成？依照他的解釋，心智模式還是靠著你過去所累積的資訊所決定。

他這樣做的主要目的就是把時間和歷史放進來。也就是說，你現在看到這些人所採取的行動，其實有一部分是過去所決定的。這不是像歷史決定論告訴你說這中間有什麼歷史規律，而是因為過去的事情會進入每個人的心智模式裏面，所以我們會根據過去的經驗、資訊、發生過的事情，去判斷我們現在獲得的資訊，進而依據資訊採取行動。因此產生出來的結果，可以發覺歷史具有某種程度的連續性，不會因為現在一些突然的資訊或是突然的環境而改變。如果按照理性選擇來看，應該可以選擇做一個很大的改變，可是實際上在人類社會中的

改變不是那麼大。

　　North的心智模式理論接著有進一步的發展，Denzau跟North在一九九四年在Kyklos寫的一篇文章，提供了一個更直接處理文化的工具。這篇文章的名稱是 "Shared Mental Model: Ideologies and Institutions"，讀起來有些奇怪，因爲不太像經濟學的文獻，所用的架構大部分是生物學的概念❷。Denzau和North在這篇文章裏強調，經濟行爲的目標與限制無法完整的區分，甚至可以說個人理性必須從社會制度中理解。

　　因爲North講的心智模式是過去經驗的累積，是過去所得到的資訊所形成。因此產生了一個問題：這些資訊是從哪裏來的？這些資訊絕大部分是別人告訴你的，是他人所傳送的資訊。所以說，你的心智模式所處理的資訊，是別人處理過的資訊。當然在你接受資訊的同時，你也散發出去資訊。每一個人都在一個群體裏面生活，可能隨時都會更換他所相處的人群，但是他所傳送與他所接受的資訊，最有可能會和一些人產生某些重疊，這也是分享心智模式（shared mental model）的來源。每一個人的心智模式有一部分是跟別人分享的，可是不見得跟某一特定人分享，可能有些跟這個人一樣，有些跟那個人一樣。

　　個人之間有著明顯的差異，可是當我們觀察一群人或一個社會，可能看到其中成員相似的性質範圍相當大。這些相似性質範圍並不是每個人都一樣，但是，把這一群人和另一群人對

---

❷Denzau有一次到台灣來，我曾經問過他這篇文章的由來。他說他花了三年的時間取材各種科學哲學的文獻，愈寫愈長，才終於說服North接受分享心智模式（shared mental model）。

照比較，會發現明顯的差異。這樣一個社會變遷或是制度變遷
的過程，會以一種生物演化的方式進行。這是因為人在形成心
智模式的過程中，會有一些特定的互動對象，這些特定的互動
對象出來之後，就會變成一個限制，不僅限制了結構的穩定，
也限制了變動的方式。

　　至於個人的行為，在分享心智模式之下，我決定該不該做
某件事，可能是我的意願，也可能是我受的限制。如何區分這
是我的意願還是我的限制，其實並不重要。經濟學原本為了追
求實證科學，努力區分主觀的（內在不可觀察的）意願，以及
客觀的（外在可觀察的）限制，即使處理制度因素都顯得非常
僵硬，在處理文化因素時尤其困難。分享心智模式將人際互動
與行為理性連結在一起，這種理解有助於幫助我們處理文化因
素。

　　即使我們相信分享心智模式具備一些文化研究的功能，還
要從中建立操作意義。就此目的而言，這個理論強調的是資
訊，分享心智模式是資訊所決定或所累積的。資訊的來源有廣
泛的範圍，未必是一種有意的認知。在與人群互動的社會裏，
我們會有意識、無意識地接收到不同資訊，然後變成一個我們
用來接收或是篩選資訊的模式。在這個過程中，任何人會和一
群特定的人產生相似性很高的部分，不論是價值或限制，這種
分享心智模式可以代表特定社群的文化，影響著人的行為。

　　我們可以進一步思考一個操作問題——修辭（或者意念的
表達）。透過修辭，可能會讓一個人原來不願接受的資訊，變成
願意接受的資訊。為什麼？在缺乏分享心智模式的條件下，要
傳達資訊可能會被對方拒絕，即使強制要求也只能用限制改變
行為，但是經過不同的修辭，找到分享心智模式的基礎，資訊

將可以被接受，而形成對方意願下的選擇。這種細緻的過程，是經濟學工具所難以處理或者不願處理的問題，甚至可能被歸類爲不理性的行爲，可是在理解文化因素上卻是必要的。

　　許多文化活動都可以視爲修辭，音樂、美術、文學是如此，宗教、風俗習慣、禮儀未嘗不是，藉由不同形式的資訊交換，形成特定的價值或規範限制，並且在不同的人群之間產生很大的差異。再進一步考慮時間的累積，將歷史傳遞的因素考慮進來，更長期的累積過程，形成了更細密的文化內容與複雜的多元性。如此，我們雖然不能（也不必要）解釋個人偏好，但是可以掌握特定人群所接受的文化價值。

四、結論：期待有文化的經濟學

　　經濟學在社會科學中的發展歷史最久，理論最爲嚴謹，然而接納新議題的過程也因而緩慢。文化議題雖然已經成爲產業發展與政府政策所關心的對象，但是文化經濟學的進展其實很有限。以新古典經濟理論爲基地所建立的經濟學帝國主義，在文化領域裏似乎受到阻礙，或者苦於「有理說不清」的困境。經濟學正視到文化議題的重要性之後，未來的發展將是擴展理論工具，展開更具包容性的論述方式，並且直接處理文化的實質議題。產業或政府的需求雖然提供了經濟學應用到文化分析的機會，但是並不能保證文化經濟學可以成功的發展，必須經由研究者在理論上發揮創意與深化工具，才能讓文化成爲經濟學一個成功的新領域。

（責任校稿：郭俊偉、萬惠雯、李奇穎）

參考文獻

Baumol, Hilda & William, J. Baumol (eds) (1984). *Inflation and the Performing Arts.* New York: New York University Press.

Baumol, William J. & William G. Bowen (1996). *Performing Arts: The Economic Dilemma.* New York: Twentieth Century Fund.

Becker, Gary S. (1996). *Accounting for Tastes.* Cambridge: Harvard University Press.

Blaug, Mark (ed.) (1976). *The Economics of Arts: Selective Readings.* London: Martin Robertson.

Brook, Timothy & Hy V. Luong (eds) (1997). *Culture and Economy: The Shaping of Capitalism in Eastern Asia.* Ann Arbor: University of Michigan Press.

Caves, Richard E. (2000). *Creative Industries: Contracts between Art and Commerce.* Cambridge: Harvard University Press.

Clawson, Marion & Jack L. Knetsch (1966). *Economics of Outdoor Recreation.* Baltimore: John Hopkins University Press.

Feldstein, Martin (ed.) (1991). *The Economics of Art Museums.* University of Chicago Press.

Frey, Bruno S. (2000). *Art and Economics.* Heidelberg: Springer-Verlag.

Frey, Bruno S. & Werner W. Pommerehne (1989). *Muses and Markets: Explorations in the Economics of the Arts.* Oxford: Basil Blackwell.

Ginsburgh, Victor A. & Pierre-Michel Menger (eds.) (1996).

Economic of the Arts: Selected Essays. Amsterdam: North-Holland.

Gramp, William (1989). *Pricing the Priceless: Arts, Artists, and Economics.* New York: Basic Books.

Heilbrun, James & Charles M. Gray (1993). *The Economics of Art and Culture: An American Perspective.* Cambridge University Press.

Hendon, William S., Jams L. Shanahan & Alice J. Macdonald (eds.) (1980). *Economic Policy for the Arts.* Cambridge: Abt Books.

Hutter, Michael & Ilde Rizzo (eds.) (1997). *Economic Perspectives on Cultural Heritage.* London: Macmillan.

Klamer, Arjo (ed.) (1996). *The Value of Culture: On the Relationship between Economics and Arts.* Amsterdam University Press.

Netzer, Dick (1978). *The Subsidized Muse: Public Support for the Arts in the United States.* Cambridge University Press.

O'Hagan, John W. (1998). *The State and the Arts: An Analysis of Key Economic Policy Issues in Europe and the United States.* Cheltenham: Edward Elgar.

Peacock, Alan (1993). *Paying the Piper: Culture, Music, and Money.* Edinburgh University Press.

Peacock, Alan (ed.) (1998). *Does the Past Have a Future? The Political Economy of Heritage.* London: Institute of Economic Affairs.

Peacock, Alan & Ilde Rizzo (eds.) (1994). *Cultural Economics and Cultural Policies.* Dordrecht: Kluwer Academic Publishers.

Peacock, Alan, Eddie Shoesmith & Geoffery Millner (1982). *Inflation and the Performed Arts.* London: Arts Council of Great Britain.

Peacock, Alan & Ronald Weir (1975). *The Composer in the Market Place: An Economic History.* London: Faber.

Rolfe, Heather (1992). *Arts Festivals in the UK.* London: Policy Studies Institute.

Serageldin, Ismail (1999). *Very Special Places: The Architecture and Economics of Intervening in Historic Cities.* Washington D.C.: World Bank.

Throsby, David (2001). *Economics and Culture.* Cambridge University Press.

Throsby, David & Beverley Thompson (1994). *But What Do You Do for a Living? A New Economic Study of Australian Artists.* Sydney: Australia Council.

Throsby, David & Glenn Wither (1979). *The Economics of Performing Arts.* London: Edward Arnold.

Towse, Ruth (1993). *Singers in the Marketplace*: *The Economics of the Singing Profession.* Oxford: Claredon Press.

Towse, Ruth (ed.) (1997). *Cultural Economics*: *The Arts, the Heritage and the Media Industries*, Vol.2. Cheltenham: Edward Elgar.

Towse, Ruth (ed.) (1997). *Baumol's Cost Disease: The Arts and Other Victims.* Cheltenham: Edward Elgar.

Towse, Ruth & Abdul Khakee (eds.) (1992). *Cultural Economics.* Heidelberg: Springer-Verlag.

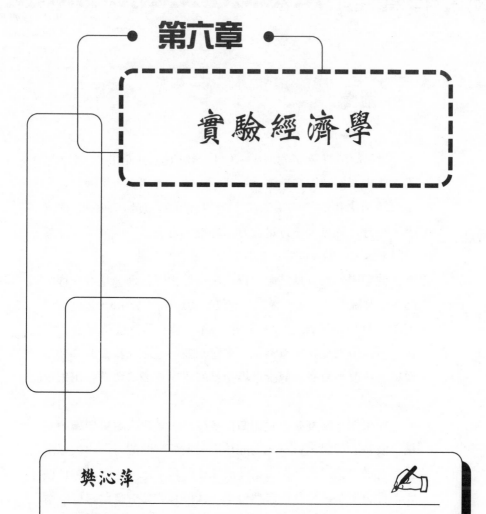

第六章

實驗經濟學

樊沁萍

學歷：匹茲堡大學經濟學博士
現職：東吳大學經濟學系教授兼系主任
研究專長：賽局理論、實驗經濟學

一、前言

實驗經濟學最早開始於一九四八年，Chamberlin在哈佛大學講寡佔市場模型，在上課介紹理論之後，他想到說：理論是不是可以用人類的行為來驗證；所以他在教室就把同學分成兩半，一方是買方，一方是賣方，之後進行交易。一堆人就在教室跑來跑去，形成你要不要買、要不要賣的互動。

他把同學的行為結果記錄起來，看跟寡佔理論是否一樣，結果他發現不太一樣。後來有一位學者Vernon Smith，是他的研究生。當他畢業以後，便思考這個問題，為什麼結果會不一樣？所謂市場交易的重點是什麼呢？並不是跑來跑去問你要不要買，我要不要賣，他說市場交易的重點是價格會透露出來很多訊息。

如果做一個實驗，說明價格多少時，多少人要買要賣，就是「價格」資訊，Vernon Smith後來把他實驗的方法再加以調整，他是二〇〇三年諾貝爾經濟學獎的得主之一。到底為什麼要做實驗呢？第一個跟自然科學一樣，我們要做實驗是要瞭解我們做的數學理論是不是真的跟人的行為關聯並建立起來。

所以，第一是為了要檢驗理論，有很多實驗經濟學家本來做的都是「賽局理論」，大概也是因為賽局理論的一些均衡概念不太容易驗證。像總體的理論，就找台灣的統計資料來驗證來做分析；個體的理論，便去找廠商、產業；賽局理論則是一大堆數學均衡，怎麼來驗證人的行為，跟Nash均衡的關聯性在哪裏？

　　因爲賽局理論的均衡概念難驗證，所以許多學者後來轉爲做實驗。在檢驗理論之後，很多有趣的地方會發現人的行爲跟理論有一點相近，卻又不是那麼完全相近，比方說，等一下會講的預期效用理論，你會發現受測者百分之八十的行爲符合預期效用理論，百分之二十不符合，爲什麼不符合？怎麼樣的情況會符合？在理論和實際的資料中間有差異的時候，有沒有辦法把那個差異性研究出來？實驗也可以用來研究政策問題，稍後會做解釋。做實驗其實有兩種，一種叫作實驗室控制實驗（laboratory control experiment）：在一個實驗室之內，控制的環境裏面找物件（subject）來做實驗；而另外一種是實地（field）實驗：我二〇〇三年九月去德國開會，聽到丹麥做過一個實驗，是要瞭解國民的時間偏好還有風險偏好，所以必須全國走透透，去每個地方實地實驗。當然實地實驗要花很多的錢跟很多的時間，做起來規模差很多。受測者大部分是人類，測試經濟理論也有人找鴿子和老鼠來看牠們的行爲。做實驗跟心理學很相關，可是有一點不同的是，經濟學家總會擔心說心理學家用的問卷（questionnaire），是把人找來，他就這樣五四三二一地給你亂勾，經濟學家重視的是：我請求你做出一些決策，並且你的決策結果是有意義的。你的決策跟廠商決策是一樣的，如果利潤賺得多，新台幣就得到的多。所以我們記錄受測者的行爲，並且對行爲提供物質誘因，這樣他就能夠做出有意義的決策。

二、總額預算之下支付制度設計之實驗研究，JEBO 1998（The design of payment systems for physicians under global budget-an exprimental study, JEBO 1998）

(一)政策問題：全民健保

　　以下用我的研究成果來介紹實驗經濟學，第一篇文章刊登於一九九八年，但我開始做這個實驗是在一九九二年。當時全民健保還在規劃階段，我們當時看到衛生署對於全民健保的規劃案裏面，他說目前發經費給醫院的方法有兩種：一種固定價格，我只准你看多少病人，超過限額的話，價格就下降；另外一種叫作總額預算，政府撥一筆醫療支出的總額，然後你的單價就是這個固定總額除上數量，醫院愛接多少病人隨便你去定，可是把總數量加起來之後，再除這個總額就得到單價。當時衛生署的政策規劃裏面說有些國家採取這個方案，有些國家採取那個方案，然後各有優劣。

　　可不可以證明哪個方案比較好？比較符合效率？我當初看到衛生署規劃案後就想：可不可以試著用經濟學的方法來對這個問題做更切實的分析。分析的方法是這樣子：首先把全民健保裏面，針對醫生的支付制度建構經濟理論模型，其中決策者是醫生，每個醫生決定自己賣出去的數量，醫生的目的當然跟

廠商一樣追求利潤極大，把模型建立起來以後，理論上我們可
以求出來兩個均衡解，然後比較兩個方案的均衡解。

理論上來說，結果的確是下面一個方案會比較好，可是除
了理論模型之外，我們還設計了一個實驗的環境。在理論模型
下有一個利潤函數；我們把這個利潤函數全部都數字化，醫生
一天可以選擇看一到十個病人。然後付費制度的話，第一個制
度是多少，第二個制度是多少，這個數字環境都給測試者之
後，我們請台大醫學院和國防醫學院的學生實際上來做測試，
我們要做的，理論上可以看到用抽象數學算出來的結果和衛生
署的結果是一致的；可是我們更希望知道人的行為和我們前面
的理論是一致還是不一致，做實驗的過程如下。

(二)研究方法與實驗進行

一九九二年我在中研院做了一個小型實驗（pilot），這個小
型實驗對我來講是很奇妙的經驗。我要找八個人坐在屋裏，當
然我從數學模型算出來的結果均衡是七。那八個人在裏面的目
的就是賺錢，他可以選擇看的病人是在一到十之間，得出來的
結果和我算出來的是不是一致？結果那麼多人的行為真的是和
理論挺一致的，對我來講很有意義。可是做完以後，很多人說
應該找真正的醫生，可是醫生又貴且哪裏找？退而求其次地找
醫學院的學生，經過安排以後做過兩場，一場是台大醫學系六
年級的學生，是到他們的宿舍進行；一場是國防醫學院四年級
的學生，是在他們校園的教室裏面進行。所以我們走進去以
後，就跟同學介紹一下狀況，說現在你是醫生，你要決定一下
你看病人的數量。決定數量以後，要怎麼算價格，然後扣掉成

本，怎麼樣賺利潤，都跟他解釋清楚之後，下面做的四十人，
每一人把他每一期的利潤加起來，所有人中總利潤最高分的就
得到一千五百元的現金，其他照比例遞減。

(三)主要結論

　　我所要看的，就是這些台大醫學院和國防醫學院的學生所
做出來的行為結果，跟我的理論解釋是否一致。結果在百分之
五的信賴水準上是一致的。我們當中要測試一種現象是說，如
果醫生分兩組的話，一組中醫跟一組西醫，那理論上說起來在
總額預算時，如果我們大家都能夠少看一點病人，數量低的
話，價格就會高，利潤就會高，那我們中間能不能形成一種勾
結的利潤，一種共識。很妙的是，在中研院的那次小型實驗完
了以後，因為人比較少，所以他們有討論說大家幹嘛自相殘
殺，我們都少看一點病人，價格就高，利潤就高，不是很快樂
嗎？

　　討論來討論去以後，再給他們測試，結果有「誘殺現象」。
當初有人建議說我們一人只看一個病人，所以價格最高，利潤
最高，其實那位受測者，他自己看九個病人，他讓別人看少一
點，價格高一點，可是我數量多，賺的利潤最高。結果是其實
沒有勾結的現象，大家都想追求自己的利潤。另外一個有趣的
事情是這樣子的：在理論上可以算出來樣本數n個人和均衡解的
關係。數學模型預期人數愈多數量愈大。四十個醫生的那一組
所提供的服務量會大於十個醫生的那組，可是我們在實驗的結
果看到的是相反的。

　　我們看到的是，台大這是一個比較小的樣本數，裏面平均

每個人提供的數量卻比較大，這跟理論的預期是相反的。我本來的猜測是：會不會他們數字沒搞清楚。因爲這個利潤的差距其實不是很大。可是完了以後，有個台大學生跟我說，我數字錯了。在我們的設計裏面，其實你少看一點病人，價格會比較高，利潤會比較高，他都算出來了，可是他不敢相信，他說我的數字是錯的。爲什麼會有這個現象有兩個可能：第一個在模型中，假設台大跟國防醫學院的學生有同質性，但可能不是同質性，可能台大的學生出去以後開業的比較多，競爭心理比較強，國防醫學院可能一開始就有固定的薪水，競爭的心理比較弱。所以，有些特質並沒有在模型裏面刻畫出來。

　　另外，像台大醫學院的學生他說我數字錯了，會不會他根本不把這個模型想成賽局，賽局有互動概念，而他是當作一個完全競爭市場，看一個病人，有賺的話我就看，賺三毛賺五毛都賺，所以這也是一個我們看到的有趣結果。我們發現受測者的行爲跟理論大部分一致，不一致的地方要把那個細微的差異抓出來，我覺得這是很有趣的現象。

三、教導學童合作──實驗性賽局理論之應用（Teaching children cooperation-an application of experimental game theory）

(一)賽局理論

　　我在一九九五年開始做囚犯困境（prisoner's dilemma）的實驗，大概的意義就是這樣子的：囚犯困境其實描繪一種個人理性和團體理性的衝突。所以在這個賽局的狀況之中，每一個人都選對自己最好的事情、選你的策略，結果是，每一個人都做對自己最好的事情，出來的結果卻對大家都不好。

(二)研究目的：以實驗性賽局理論來教導學童合作

　　我寫了一個中文初稿之後，幸運的，我在美國的指導教授剛好來台灣，他介紹一些心理學的書給我看。發展心理學的理論說「認知」（cognition）是一種互動的過程，所謂的社會認知是我在社會裏面要瞭解我所扮演的角色，我做什麼事情對別人有影響，別人做什麼事情對我有影響，所以社會認知是要瞭解到別人也像我一樣，別人對我的行動會有反應，所以如果在社會認知上達到一種均衡，是我對別人行為跟別人對我的行為的互相預期達到一種均衡的話，就叫作「社會認知」的結果。所

以社會認知發展的結果跟賽局的均衡概念是一致的。

　　我實驗的對象是台北市民權國小，一共做了一百九十六個小朋友，可是有人做比較多次，所以一共是四百六十八個人次。這些小朋友的年紀從六歲到十二歲，一到六年級，我要測試什麼呢？第一我要測試發展心理學的一個理論，是不是年紀大的小朋友比較合作；第二我要測試教學的效果，我有沒有辦法把小朋友教得更合作一點，這兩點是我的研究問題。實驗一開始，我走進去教室發給每一個小朋友兩張紙牌，這兩張紙牌上一張畫著圓圈，一張畫著三角形，我說小朋友你們兩人一組玩遊戲，每個人手上都有一張圓圈和三角形的紙牌。然後我自己決定我出什麼牌，對手決定他自己出什麼牌，兩個小朋友都出圓圈的話，一人得五分；兩個小朋友都出三角的話，一人得一分。我跟小朋友說這個遊戲好像是阿姨有一個很棒的玩具要借給你們玩，一共只借給你們玩十分鐘，出圓圈牌的小朋友比較和氣，出三角牌的小朋友比較兇，如果兩個小朋友都出圓圈牌的話，大家都很和氣，這個玩具一人玩五分鐘，而如果和氣的小朋友碰到兇的小朋友呢？三角牌的小朋友比較兇，兇的小朋友一把搶過來自己玩十分鐘，和氣的小朋友一分鐘都沒有。兩個人出不一樣的牌的時候，都是兇的小朋友得到十分，問題是如果兩人都出三角牌，兩人都兇呢？大部分的時間，我們是在那裏搶來搶去，到最後的結果是一人只玩一分鐘的玩具。當然這個設計用圓圈三角牌的方法是符合囚犯困境基本的精神，所以，不管怎樣，做出三角牌一定對自己比較好，他如果很和氣的話，我也很和氣，我才得五分；我兇起來的話，我可以玩十分鐘。如果他兇而我和氣的話更倒楣，我什麼也玩不到；我也兇的話，至少我可以玩一分鐘，所以出三角牌是一個有支配

力的（dominant）策略。

　　我要用什麼樣的誘因給小朋友呢？其實這是比較麻煩的一點，尤其是一年級的小朋友，老師都不准他們帶錢到學校來，所以當時我就到民權國小的福利社，那裏有賣小小的禮券一張十元，我買了很多張禮券。當年據我側面打聽，小朋友要有十三個甲上，老師才發一張十元禮券，所以誘因應該還算是不錯。我跟小朋友說這個貼在黑板上，那你們兩人一組，然後玩十次，把你們的分數加起來按照這個表，我等下就發禮券給你，有個小朋友說阿姨那我四十五分得多少，他不瞭解四十五就在四十到五十九中間，所以有的時候要跟小朋友解釋得比較多一點。我用大型的海報把這個解釋清楚了以後，我又請兩位小朋友到前面來示範，確定大家都會玩這個遊戲。

　　其實在第一班的時候，我為了避免兩個比較熟悉的人在隔壁，第一班的時候我用抽籤的方式，座位怎麼坐用抽籤決定，後來我發現有困難，第一班是四年級，場面就很難控制，所以從第二班開始，改用第一排的小朋友站起來換到第五排，而不是用抽籤的方式。

　　我的分析單位是「班級」，我的控制變數是「年齡」，所以第一年我找了三個班級，一三五年級各一班，那所以第一次就是一九九五年十二月找低中高各年級各一班。完了以後，我做了另外一個控制變數——我的教導，全部做完以後，我問小朋友說你有什麼意見，你剛才拿什麼牌等。我先想請教各位一下，你覺得小朋友能不能夠瞭解有支配力策略（dominant strategy）的概念？一年級的小朋友很能夠，為什麼說很能夠，因為他雖然不會做數學分析，可是他會瞭解出三角牌很強；所以，在做完之後，我要他們發表一些意見，我就跟他講，我說如果

你想要對你自己最好的話，你要出三角牌，因為三角牌眞的很強；他出圓圈，你出三角，你很強；他出三角，你更應該出三角；可是有的時候每一個人都想要爲自己好的時候，反而大家都不好，所以有時觀點要變，對大家好的事情，也才是眞的對自己好。

　　一九九六年十二月我找上一次找過的三班，這時他們已經升到二四六年級，然後又另外找上一次沒做過的三班，也是二四六年級。我們就再做一次，不一樣班級做完以後，我把上一次同樣的故事再講一遍，講完以後，我就跟他們說，各位小朋友，因爲你們實在太可愛了，所以我再給你們一次機會，我又發一張表上去，同樣的一組還可以再玩十次，第二個十次累積的分數還是發禮券給你。

(三)研究問題

　　我要分析的是兩個部分，一個部分是出圓圈牌的小朋友與出三角牌特別兇的小朋友，兩個圓圈的小朋友碰在一起達成了團體的合作，兩個三角碰在一起當然就是兇。其實在這個實驗架構裏頭，一九九五年的時候我找了三班，他們在一九九六年，分別是七歲、九歲、十一歲；那中間的第二次是一九九六年，其中的三班是上一次找過的，還有新找的三班；那最後一個呢？最後一個是一九九六年我跟他們講完這個教他們合作的故事之後，又做了一次。一九九六年時十一歲的小朋友，有沒有比九歲的合作，九歲的有沒有比七歲合作，十一歲的有沒有比七歲合作，所以要問的是年紀效果（age effect），會不會愈大的小朋友愈合作？

　　再者，一九九六年那個實驗做完，我跟他們說不要光想對
自己好，每一個人都光想對自己好，其實對大家都不好，要轉
變觀點，所以我要測試的是我教他之後，他有沒有比較多的合
作，這是第二個叫作「教育效果」（teaching effect）。第三個叫
作成長效果。我要看這件事情，對同一班的小朋友，我一九九
五年找過他一次，我一九九六年又找過他一次，他們長大了一
歲，行為有什麼不一樣？還有一件事情，我這邊有四年級的小
朋友兩班，這一班做過，那一班沒做過，所以做過跟沒做過的
經驗，會不會對小朋友的行為有差異？那這就是我整個的研究
架構。

　　結果是年齡愈大的小朋友愈合作，六年級的小朋友愈合
作，就像我講的，反應最激烈的是一年級，有一個小朋友他的
成績不盡理想，所以他沒有得到什麼。可是整體上說起來，年
紀比較小的小朋友比較不合作的原因，是他們認知能力比較
低。這與心理學的理論是一致的，其實認知能力是需要能夠幫
別人設身處地著想才能夠達成合作。年紀比較大的，我們發現
他的分析能力比較好。像四年級的小朋友，會提出來比較深刻
的問題，就像我講的，年紀愈小的小朋友，他的認知能力受到
他的情緒影響比較大，他比較不能夠幫對方設想，這是我的第
一點結論。

　　教育效果（teaching effect）是顯著的，在十八班裏面一共
有十五班是顯著的，在所有班級裏面有一班，在沒有教他們合
作之前，合作比例就最高，所以對本來合作比例就最高的那
班，我的效果其實比較小一點。教了之後，就合作的結果來
講，出圓圈牌的個人普遍都提高，可是有些班級，多的圓圈牌
能夠碰到另一個圓圈牌，所以能夠達成成對的合作；有些班級

圓圈牌比較多，可是沒碰上，就變成圓圈碰到三角，所以變成沒有成功的合作；這個其實是挺有趣的。

至於成長效果的話，我剛講過，同一班的小朋友，我一九九五年找他一次，一九九六年又找他一次，我要問他長大一歲之後會不會比較合作，但發現沒有。可是如果將教育的效果，跟年齡效果做對比，其實是挺有趣的，年齡效果在一九九六年時，十一歲小孩有沒有比九歲小孩合作？同樣的一班，從八歲長到九歲有沒有變得比較合作？結果是沒有。

另外，一九九六年的時候有兩班，一班做過，一班沒做過，做過的經驗對他們的行為有沒有影響？答案是沒有。在他的生命中間我出現過一小時，有什麼意義？沒什麼意義！從另外一點說起來，我這樣子跟他解釋要合作的十分鐘之後，他比較合作，我這個教學效果能維持多久？我不曉得。整篇文章我們看到的是年紀效果成立，比較大的小朋友比較合作；教育效果在短期成立，我教過他之後，他馬上比較合作；對於成長效果，同樣的小孩長大一歲並沒有比較合作，有經驗和沒經驗比起來也沒什麼效果。另外，一個附帶的問題是，人家看過我的報告以後提出來的問題，他問：你走進去時是抱著什麼樣的心態？若走進去的時候是想投稿上SCI paper，這樣你就能夠名利雙收，他說這個態度是錯的；你走進去，當你面對這些小朋友，你就是一個老師的角色，那你走進去你要教人家什麼？如果各位已經身為父母的話，你教你的小朋友什麼？你要教他合作，社會上壞人那麼多，你教他合作，不怕他被壞人欺負？那你要教他什麼？你教他以牙還牙、以眼還眼？聽起來很可怕。當然以牙還牙、以眼還眼在我們囚犯困境的賽局裏面，完整講起來是這樣子：我一開始的時候跟你合作，從第二期開始，你

昨天對我怎樣，我今天就對你怎樣。你兇，我就給你兇回去，你兇完之後，轉回來合作，我第二天也轉回來合作，所以在囚犯困境賽局，當小朋友的行為是只選兩件事情，要不你是圓圈，要不是三角牌。以牙還牙、以眼還眼是一種可以介紹的策略。我們也看到有一些實驗證明說，這種策略其實可以誘發出來更多的合作。但是我被提醒過，如果你教小朋友，你不能說以牙還牙以眼還眼，因為這樣的策略精神是你怎樣對我，我就怎樣對你。在這種策略下，個人對自己的行為沒有主動性，我走到馬路上我碰到惡鬼，我也變成惡鬼，我碰到瘋狗，我也變成瘋狗，所以這個行為在道德上是有缺陷的。

另外，我再附帶一點，我當初做的時候，其實還有在政大公行所找幾位研究生來做一次，研究生有沒有比小學生合作？研究生口頭發表意見的時候都挺奸詐的，因為他會算那個累積，當然研究生的錢比較多，我已經不可能升到另外一個級距的話，我就不用在乎什麼，還有研究生善於誘殺策略，我故意裝得很合作，他相信我的時候，我就趕快出三角牌把他幹掉，整體說起來，研究生的合作比率更低。

四、微小差別時的阿賴斯悖論（Allais Paradox），JEBO 2002（Allais Paradox in the Small, JEBO 2002）

(一)風險下面的決策行為

在二〇〇三年諾貝爾經濟學獎的一位學者，一位心理學家卡尼曼，他做了期望理論（prospect theory），是因為他得了諾貝爾經濟學獎以後比較有名，跟他們做的東西有關係。那基本上我們看人的行為是有這樣子的現象，各位有沒有買過樂透，買樂透是高估機率，你心裏會想中幾千萬幾億什麼的，可是真正算起來的話，期望值其實不到五十塊，所以你會去買樂透的話，表示你是風險愛好。你有沒有買保險，如果你有買保險的話，其實你是風險趨避，想要先多花一點錢，擺脫掉災害發生的可能性。所以我們會發現，會不會擔心再發生一次九二一地震，會不會擔心核四廠發生危險，會發現對小小機率的事件，樂透中到三千萬元的機率是多大，0.000…不知道多少，機率事件常常被人家高估，就像核四發生的風險，其實，就科學的機率來講並沒有那麼高。我們還會發現常常有人既買樂透又買保險，所以他既風險趨避又風險愛好。

(二)介紹預期效用理論

　　預期效用理論的研究對象都是彩券，一張彩券有三個可能的結果，高中低，這張彩券發給你，它的獎金金額可能是一百塊、十塊、二十塊，然後高中低彩券的話，各有它的機率0.25、0.25和0.5。所以一張彩券是包括結果和機率，當然在財務經濟學上面，去買大同公司的股票就是一張彩券，財務的投資行為都可以視為彩券，那預期效用理論就是說，我們怎麼樣判斷這個不確定的狀況，就是算它們的期望值，只看它的企圖，其他都給他忽略掉。

　　先講這個法國人Allais，他得過諾貝爾經濟學獎，但不是因為他在實驗方面的成就，他在一九五二年就提出來一個很有名的例子，三種可能的報酬，最高的話，給你五百萬法郎，中間的話給你一百萬法郎，最差的話給你零。然後先看上面A1、A2，如果你要A1的話，一定一百萬法郎帶回家，如果你要A2的

表6-1　Allais Paradox架構，假設性報酬　X=（5 mil. Fr., 1 mil. Fr., 0）

Allais（1952）：Hypothetical X=（5 mil. Fr., 1 mil. Fr., 0）			
彩券		機率	
選一張	A1	P_{A1}=（0.00, 1.00, 0.00）	安全
	A2	P_{A2}=（0.10, 0.89, 0.01）	危險
選一張	B1	P_{B1}=（0.00, 0.11, 0.89）	安全
	B2	P_{B2}=（0.10, 0.00, 0.90）	危險

話，有百分之八十九的可能性能把一百萬法郎帶回家，也有百分之十的可能性得到五百萬法郎，不過還有百分之一的可能性什麼都得不到，A1、A2兩張隨你選，你要哪一張？如果你喜歡安全的話，你要上面那一張，一百萬法郎帶回家就好，如果你喜歡風險的話賭賭看，因為你有百分之十的可能性可以得到五百萬法郎，當然也有百分之一空手回家，如果你安全的話，你選A1；如果你喜歡風險賭一賭的話，你選下面那個A2。這一組選完以後，他再給你兩組B1和B2，那其實A1、A2、B1、B2中間的差距是一樣的，你看從一變到二中間的機率都是少百分之十一，然後最高的多百分之十，最低的多百分之一，所以相對的變動的機率狀況是一樣的。依照預期效用理論，如果你是風險趨避，你每次都喜歡安全，你應該第一次選A1，第二次選B1；如果你喜歡期望值高，你應該第一次選A2，第二次選B2，所以兩次都選安全、兩次都選風險的話，是符合預期效用理論行為。

可是有時候有人違反預期效用理論行為，一下喜歡安全，一下喜歡風險，特別是在第一次喜歡安全、第二次喜歡風險的這種選擇方式，叫作阿賴斯悖論（Allais Paradox）。從一九五二年以後，當然也有很多人研究類似的彩券實驗，如給你的錢，是真給錢還是假給錢，那個一百萬法郎是假給的，他叫你想像你會得到一百萬法郎；給錢如果改成負值，扣三十塊、扣五十塊；或是給錢是給一百塊和給一萬塊，大小會造成什麼樣的差別；還有機率改變，在三者機率單位（probability unit triangle）中間移動會有怎麼樣的影響。我做的事情是這樣的，我的彩券是小小張的紙，一張A4紙的四分之一；然後配合彩券，我的隨機機制是一個箱子，箱子裏面有一百個小小的保利龍球，這一

百個保利龍球上面有貼貼紙，比方這個箱子有二十個保利龍球貼紅貼紙，有三十個保利龍球貼黃貼紙，有五十個白色的保利龍球，白色的保利龍球也是要貼貼紙，不然沒貼的話放進去一摸就曉得，一共一百個球，如果這張彩券是你的話，可以得到多少錢呢？我們等一下在箱子裏頭摸球，請同學上來摸，摸到是紅色的，給你一百塊；摸到黃色的，給你二十塊；摸到白色的，你什麼都拿不到，所以做這個實驗的時候，我每次都會帶一點鈔票，請好好努力。

　　我跟一些老師說過我做的研究後，有老師說你都找經濟系的，經濟系的一天到晚就教什麼效用極大之類的，你為什麼不去找別班的或別類學科的。所以我找了政大公共行政研究的大學生，一共找了四班，二百零二人來做這樣子的實驗。我給他兩張彩券，還很小心的在中間用剪刀先幫他剪掉四分之三，我說各位同學兩張彩券給你，留一張丟一張，留的把它登記起來，等一下對獎，對獎之後抽球；丟掉的話，請你把它捏碎丟掉。大部分學生都好乖，心理制約不敢做捏碎丟掉這個動作，他留一張彩券，我就記錄他選擇彩券的行為，全部選完之後，我才抽球，我們要避免財富效果，因為每次選一張就抽一張，他說不定累積到三百塊錢，下面他就隨便做了，所以全部選完之後，我再抽球並計算總獎金是多少。

　　實驗結束後就付獎金。我們的實驗設計是這樣子的，我付給他的報酬是這三種，第一種是X是（100, 20, 0）台幣，第二種是Y是（100, 90, 0），而這種叫作混沌結果（confusing outcome），這組的話，其實算起來期望值很相近，所以其實兩張彩券差不到多少，那第三種呢？Z是（0, -40, -50）我給他的報酬是負的。那機率呢？我是用Allais Paradox的裏面那一組的機率，

並且HR（假設報酬，hypothetical reward）價錢，表示我其實沒有要真給你錢；CR（現金報酬，cash reward）表示我真的給他錢。所以我要什麼呢？這張表顯示有多少受試者的行為違反預期效用理論，你兩張都選安全可以，你兩張都選風險也可以，你一次安全一次風險就違反，有多少人違反？這是違反的比率：學期欄上面不同的1234就是不同的班級，有三班是東吳大學、一班是政治大學，你會看到說第一班平均有百分之二十四違反，第二班平均百分之十五違反，整個說起來平均數字為百分之二十三，我們看到所有的受測者中的百分之二十三違反預期效用理論，這樣算好還是不好？並沒有一個科學的標準，另外一個說法是用另外一個理論來測試看看。

此外，一個理論的測試如果比違反還差的話，就沒有比預期效用理論還好，所以我們一般觀察到的比率跟這個比沒有差很多，大部分人的行為還是符合預期效用理論，可是我們也一直觀察到有人的行為就是違反，這邊看到違反的數字是百分之二十三，再者，我有沒有觀察到Allais Paradox呢？除了在Y這一組之外，我每次要他選A1或A2，B1或B2，因兩張彩券的期望值很近，所以他會搞混，而且解決的方式就是第一次安全第二次風險，所以還是有看到一些些的Allais Paradox行為。下面這部分是我的意見，我的想法是：對同樣一群人，其實他會跟著報酬不一樣而改變他的行為，我問的是有沒有不同的行為類型（behavior pattern），HR都是給假錢的時候，X組報酬100、20、0和100、90、0，這兩個行為類型有沒有不一樣？在第一班100、20、0的時候沒有人，上面0、9、14、43行為類型的分配狀況，跟下面一組有沒有一樣，可以做一個卡方檢定（chi-square test）。的確我們發現在不同的報酬的時候，行為類型是不一樣

的，下面要問的是不一樣的類型有沒有一致的方向？

在第一組裏面的HR1，預期效用（expected utility）從第一次的符合到違反的人比較多，而第一次違反到符合的人比較少，所以當結果不一樣的時候，行為類型會變，而且會有一個方向的變化，這是我的意見！

不同班的人行為有沒有影響？政大公行和東吳經濟的學生有沒有不一樣？結論是行為類型其實是沒什麼差別的；真錢跟假錢有沒有不一樣？也沒什麼不一樣。只有在一個地方有小小的差別，整體上，真錢跟假錢的結果沒什麼不一樣，可能是我的真錢很少，若數字是十萬的話，可能差別比較大，但我的結論是沒什麼不一樣。我覺得預期效用理論怎麼樣？我覺得還可以，那其他的理論呢？現在正在做。我看到一部分的人會搞混，會混成Allais反論這種類型。我還看到的是行為的改變其實是有一點模式的。

我現在正在做一些研究，有一個很有趣的現象是偏好逆轉，偏好逆轉是我給你兩張彩券A和B，我問你要哪一張，等於是你去選，選一張並丟掉一張，若你要A，然後我說兩張彩券都給你，你決定你多少錢願意賣出去，一百塊錢願意賣出去還是八十塊錢願意賣出去，沒賣出去的，你就等一下留著對獎，所以要你做一個定價的行為。我要你定價的時候，你卻把B的價格定得比A高，產生偏好逆轉，如果你覺得B的價格比A高的時候，你當初怎麼沒要它呢？你在做選擇的時候為什麼沒選它呢？所以你選擇行為所表現出來的順序和你定價行為所表現出來的順序是相反的，這叫作偏好逆轉；然後我還要看那個機率，我剛才有講高估低機率事件，百分之五被高估、百分之二被高估、百分之一被高估、百分之零點零一……那到零怎麼

辦？低機率你一直高估，可是當趨近到零的時候你沒東西高估，機率上趨近於零的時候，這個偏好逆轉的行為會有怎樣的改變？

　　這將是我未來的偉大成就，目前還沒做，我會這樣講，是因為我看到美國疾病管制局（CDC）做的一個很有趣的東西，我剛才講到說我做的實驗是彩券的實驗，而且我有給他錢，有提供誘因。選彩券賣彩券其實跟一般人講的風險是完全不同的事情，我們一般人覺得說你愛冒險，常喝完酒之後還開車、超速等等的這種事情叫作愛冒險，心理學家研究的風險行為（risky behavior）都是有實際的行為，而且他問的是你去年有沒有超速、你去年有沒有酒後駕車、你覺得酒後駕車會不會出事故等等的問題。

　　我關心的事情是我們做的彩券實驗跟心理學家做的問卷實驗有沒有關聯性？不然我們做一套，他們做一套，其實我們討論的議題是相關的，我的作法是這樣子：我找一批大學生來，跟以前一樣給他選彩券，我還給他一張問卷，這個問卷上面寫的是說有一個高中生小明打工賺錢買了一輛二手摩托車，然後就有朋友約他去飆車，第一個問題是如果你是小明的話你會不會去飆車，有一定去、偶爾去、不去等等答案；那第二個問題是，假設小明去飆車，他去飆車一百次的話，你覺得他有多少次會發生事故，由零次、五到十次發生事故等等。

　　還有你覺得小明發生事故的機率和發生事故之後他財務的損失，車子壞的話，需要幾個月打工薪水賠？如果他人受傷的話，假設他沒有保險，需要多少個月打工薪水來付醫療費？所以同樣的一組對象，我讓他做彩券實驗也讓他做問卷實驗，然後把兩個行為對照起來，如果他選擇彩券的時候是風險愛好的

話，那麼他回答問卷會不會顯示出來。我對大學生做了之後，也對木柵國中的國中生做，看看國中生和大學生對風險的態度有沒有不一樣；選擇安全彩券的，國中生多還是大學生多。結果是選擇彩券上面，國中生選擇安全的比例比較高，回答問卷上面，國中生顯示的安全性也比較高，所以他預期機車會出意外的比例也比較高，他會去飆車的比例比較少，預期財物損失比較大，那這表示什麼呢？如果光看問卷這方面的話，我們可以用經驗來檢視，因為國中生沒有駕照，所以他應該不能騎車，他沒有到十六歲，所以他也不能打工，所以打工和飆車這兩件事，是他經驗範圍之外的事情，因為他比較不熟悉，所以他比較重視安全，我們可以這樣來解釋。

　　但是選彩券呢？選彩券跟所有的受測者一樣都是跟現實生活無關的，是一個抽象的環境，可是我們卻發現在這個抽象的環境裏面，彩券跟問卷的結果是一致的。其實我還沒做，大概一兩年以後才做，但我覺得這個問題很重要，因我看到美國的疾病管制局（CDC）的網站有青少年的風險態度的調查，所以可能對社會學家的發展很有興趣，我們都擔心我們的小朋友生活的環境不安全，所以網站上有一個問卷，內容是：過去一個月，你有沒有帶槍到學校、你有沒有吸毒、你有沒有騎腳踏車不戴安全帽、有沒有人威脅你、偷你的東西……一大堆的問題，而且是全美國做的普查，你可以看洛杉磯一九九八和二〇〇三年的比較，你也可以比較洛杉磯和丹佛的風險態度研究。問卷式的研究不是經濟學家特別的專長，但我們其實是要把它變成彩券實驗跟問卷實驗的結合。最後一點，是我們二〇〇三年申請一個國科會計畫，做的是國科會永續會的計畫，永續會的計畫，很多都是在研究地震工程、水災等等。

　　這跟防災有什麼關係？負報酬的彩券就等於是一個災害，所以颱風可以把它想成是有5%的機率，我將會遭到兩萬元的損失；那地震是什麼？地震是用很小很小的機率，會造成一千萬元的損失，所以各種災害其實是可以把它想成是負報酬的彩券，那對於負報酬的彩券，我讓你定價的話，是說這張負報酬的彩券是你的，所以等一下球抽出來，你就可能要被我扣二十塊錢，那你現在願意花多少錢來把這張負報酬彩券處理掉，你付二十塊錢，你就不必忍受這個風險，你為負報酬彩券願意付的錢，就可以想像成是保險費；所以，我們主要的態度是災害保險。

　　世界各國在最近五十年因為自然災害所造成的經濟損失上漲得很快，而且愈有錢的國家，自然災害中間有很大一部分由保險來彌補。沒有錢的國家，災害發生之後，誰來救災呢？政府，政府是誰呢？政府就是全民，由政府來救災的話，有一個很大的缺點，他已經變成災民了，但政府只有救他，沒有先問他，這個災害是不是可以避免？是不是你不應該住在不安全的地方？是不是你家裏當初應該採取防洪措施，你沒有採取才造成了這個大的災害？可是如果家裏保火險，而家裏有灑水器的話，火險的費用會比較低，如果自己先採取降低災害的措施的話，保費就會不一樣。其實世界各國已經開始在做災害保險。

　　拿災害保險來做一個環境管理風險的工具，這是我現在進行的一個研究。還有一點就是我們二○○三年去德國的時候，拿了一個程式回來，因為在二○○三年之前，都是人工做的，像彩券現在發下去等下收回來，再鍵入進去很慢，而且鍵入的時候要檢查三次，二○○三年我們得到一個程式之後，現在我們系上研究生的電腦教室有二十部電腦，一部是老師的，其他

是學生的，二○○三年我另外指導一篇碩士論文，做的還是一篇賣彩券的實驗，可是在電腦上做，速度就快很多，因為你要哪一個，定價多少錢，統統打起來就好。結果他做大概一個小時，可以得到九十個抉擇，有了九十個決策行為結果之後，可以用這九十個資料點來跑一條效用函數出來，得出的是風險趨避還是風險中立、是符合這個理論還是符合那個理論。二○○三年才把電腦的事情弄好，以後還會繼續這樣做，因速度比較快，而且資料量比較多以後，我可以做比較多的計量分析。

（責任校稿：劉智年、張家瑄、李奇穎）

參考文獻

Allais, Maurice & Ole Hagen (1979). Expected Utility Hypotheses and the Allais Paradox. Dordrecht, Holland:Reidel Publishing Co.

Camerer, Colin F. (1995). Individual Decision Making. In: John H. Kagel & Alvin E. Roth (eds.), *Handbook of Experimental Economics* (pp.587-703). Princeton University Press.

Conlisk, John (1989). Three Variants on the Allais Example. *American Economic Review*, 79: 392-407.

Davis, Douglas D. & Charles A. Holt (1993). *Experimental Economics*. Princeton University Press.

Fan, Chinn-Ping, Kong-pin Chen & Kamhon Kan (1998). The Design of Payment Systems for Physicians under Global Budget-An Experimental Study. *Journal of Economic Behavior & Organization*, 34: 295-311.

Fan, Chinn-Ping (2000). Teaching Children Cooperation: An Application of Experimental Game theory. *Journal of Economic Behavior & Organization*, 41: 191-209.

Fan, Chinn-Ping (2002). Allais Paradox in the Small. *Journal of Economic Behavior & Organization*. 49: 411-421.

Harrison, Glenn W. (1994). Expected Utility and the Experimentalists. *Empirical Economics*, 19: 223-253.

Kagel, John & Alvin Roth (1995). *The Handbook of Experimental Economics*. Princeton University Press.

Kahneman, Daniel & Amos Tversky (1979). Prospect Theory: An Analysis of Decision Under Risk. *Econometrica*, 47: 263-291.

Kagel, John H., Don N. MacDonald & Raymond C. Battalio (1990). Tests of "Fanning out" of Indifference Curves: Results from Animal and Human Experiments. *American Economic Review*, 80: 912-921.

MacDonald, Don N. & Jerry L. Wall (1989). An Experimental Study of the Allais Paradox over Losses: Some Preliminary Evidence. *Quarterly Journal of Business and Economics*, 28: 43-60.

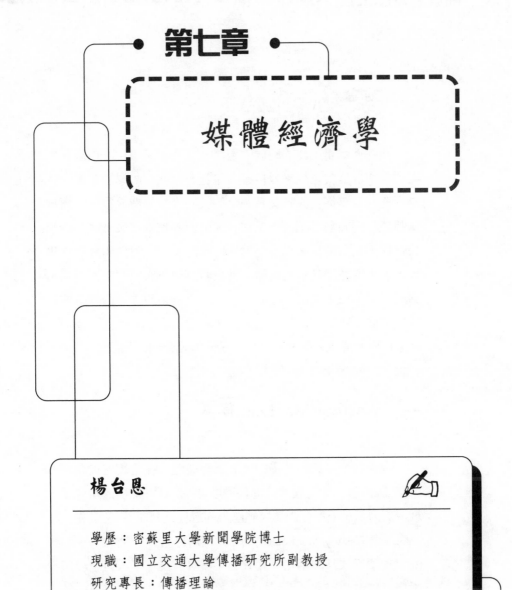

第七章

媒體經濟學

楊台恩

學歷：密蘇里大學新聞學院博士
現職：國立交通大學傳播研究所副教授
研究專長：傳播理論

一、前言

　　我在密蘇里大學的時候，還是一個博士班學生，而唐代彪老師在密蘇里就已經是教授了，是我非常景仰的學習對象。我是一九八三年從台大外文系畢業的。我大學畢業之後，有兩年媒體工作的經驗，第一年是在台大對面的校園出版社，那時候我是在那裏做編輯，以及總編輯助理的工作，幫他處理版權事宜，如果要翻譯外國的書籍，就由我寫信來跟他們接洽演講，另外一年是在中央通訊社做記者，所以後來我去美國念書的時候就轉向到新聞方面。一九九一年在德州理工拿到碩士學位，後來再到密蘇里大學，於一九九五年拿到博士學位。

二、Westley-MacLean模式

　　今天我談媒體經濟學的幾個重要議題，在這裏首先談一下「媒體經濟學」的定義，其實我們是要探討「在媒體的環境下，經濟的力量是怎麼樣影響媒體產製的過程及其產品」。首先，我們看一個Westley-MacLean模式（見圖7-1）。

　　這個模式其實早在一九五七年就發展出來了，但是經過不斷修訂（像我一九九五年的博士論文也嘗試要對這個做一點修訂）。這是一個傳播的模式，不過在這裏面，我們可以明顯地看到經濟的影響力。比如說這些X是代表事件，這些事件透過A（advocacy，倡議人）擔當公關角色，傳到C（channel，媒體）

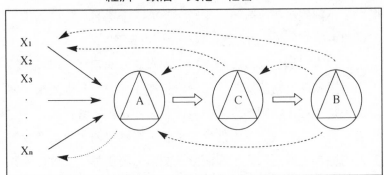

經濟、政治、文化、社會……

圖7-1　Westley-MacLean模式

資料來源：Westley & Maclean, 1957；Stephen Lacy, 1991.

這邊，再傳到B（behavior，行為系統角色，閱聽人）。所以，Westley-MacLean模式到現在還是被沿用，雖然對於傳播的過程，它講得很仔細，可是，這外面還有一個大框框，這個大框框就是代表不同的經濟、文化、政治、社會，甚至是族群環境，都會對這個媒體產生影響，且不單是對媒體產生影響，對A與B都有影響。而台灣的「族群」議題跟美國的「種族」議題不太一樣。「族群」可能是同樣的一個民族，只是來到這個島上先後有別，而「種族」的話可能這些人連膚色都不太一樣了。

　　在不同的環境，媒體的表現，或者是模式的表現，可能就會很不一樣。舉例來說，國際恐怖分子去攻擊中國大陸一個很重要的地方，造成嚴重的傷亡，可是透過這樣的媒體系統，傳到閱聽人那邊所得到的訊息，跟同樣一個恐怖攻擊（像九一一），在美國發生，傳到全世界的訊息可能會非常不一樣。而同樣的環境，不同的議題，有些可能會被過濾得非常厲害，像威脅到政府安全的議題可能在中國大陸會被過濾得很厲害，可是

　　別的議題，比如說體育新聞的報導，可能就沒有什麼大問題。
所以，不同的經濟、政治、文化、社會、甚至是族群的環境，
對新聞事件會有很大的影響，以下我們再看圖7-2。

　　　在西方三權分立的政治制度下，媒體是第四權，因為政治
人物對媒體是非常諂媚的，不管誰多麼兇悍，看到媒體來了總
是要笑臉相迎。媒體事實上是能控制，或是說影響行政權、立
法權、司法權的行使；當然反過來說，媒體目前也有很多受制
於人的地方。舉例來說，那個彭子文案，因為彭子文曾任職國
安局，所以他指出三一九槍擊案中，國安局的種種弊端，以及
近年國安局的一些處置失當的地方，卻被政府當局恐嚇不得亂
放話，很多媒體去採訪彭子文，結果媒體也因而被審問一番，
對那些媒體來說當然會非常生氣，因為這很多地方已經踩到新
聞自由的紅線了。很多媒體記者就說：過去國民黨時代如何如
何，現在好像連國民黨都不如！當然這是有些記者他們經歷過
國民黨、民進黨兩個時代所綜合的感受。我記得阿扁總統曾經
講過：「寧可有媒體沒有政府，也不要有政府而沒有媒體。」
不過，講這個話的人，言猶在耳，但是政府已經對媒體進行很

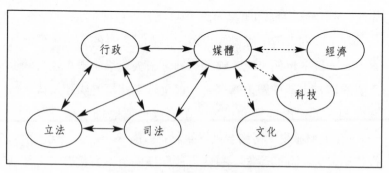

圖7-2　對新聞事件的影響

多很多的干預了。批評執政者，是媒體很正常的現象，所以在位的人活該倒楣，如果你不想被批評的話，那你就下野吧！

　　在媒體所受到的節制中，司法這部分特別厲害，我們知道有很多記者因為寫了一份稿子，結果挨告，審理了三年，那他每隔一段時間就要去出庭一次。像《新新聞》的總編輯楊照，因為呂秀蓮告他，所以他也出庭了好多次。我們在密蘇里大學新聞學院寫稿的時候，有一個要求，就是你如果寫一個新聞稿，把人家名字拼錯的話，不管你寫得多麼好，你這一個新聞就是零分。因為你名字寫錯，可能引起官司，人家去法院告狀，你的總編輯就要不時地出庭，當然，媒體老闆一怒之下，也會請記者走路。而美國律師據說超過七十萬人，在律師過剩情況下，很多芝麻小事都會被告上法院（律師要增加收入嘛！），所以媒體也難免經常挨告。

三、所有權改變

　　經濟、科技、文化的力量，都有其對於媒體的種種影響，今天我們談的就是經濟方面的問題。經濟的影響增加，媒體的所有權就會改變。比較明顯的例子像是美國的Bertelsmann，事實上它是德國公司，但是今天它把傳播媒體買下來，它的影響就非常大。因為經濟力量的關係，小的媒體公司就被大企業併購了。另外像Viacom也是一樣，變成一家很龐大的公司。以書店來說，我們知道邦諾書店（Barnes & Noble）在美國也是非常大的公司，它在美國合縱連橫的結果，最後所有權就變得非常大。雜誌方面，比如說像是時代華納（Time/Warner）。賀斯特

（Hearst）是很早期的，一九○○年賀斯特就已經是非常叱吒風雲的報業鉅子。當然，現在它看起來是非常嚴守新聞道德、新聞倫理，但是當年賀斯特報系是以黃色新聞起家的。另外，像雜誌方面，Advance也是一個很大的集團。電影方面，我們大家都很熟悉，像迪士尼、福斯、華納、派拉蒙（Paramount）、或是新力索尼（Sony）；至少有百分之七十五的美國國內市場就是由這五大公司所掌控的。

在音樂界的改變也有Seagram's Universal、新力索尼、時代華納、Bertelsmann（除了書之外，在其他地方也有很大的影響力）、EMI，這五大公司至少支配美國四分之三的音樂市場。但是在電視方面卻不是那麼集中，傳統上有三家無線電視網：ABC、CBS、NBC，以及最近很紅的FOX。FOX在二○○四年十一月總統大選時，牽先播出布希（Bush）當選，其他電視台不敢播，因為他們二○○○年的時候吃過虧，當時他們說是高爾（Gore）當選了，結果後來高爾落選。FOX也是一個全國性的電視台，以二○○四年的趨勢來說，保守派非常喜歡這個電視台，而偏向自由派、民主黨的人則喜歡看CNN。在一篇報導裏面提到，其實現在媒體已經變成分眾化了，大家各取所需，沒有人絕對相信哪一家媒體，所以，保守派的人花比較多時間在FOX這個電視頻道上面。分眾化的趨勢，也跟科技的發展有關，比如說網路、有線電視，就自然把觀眾分化掉了，不像從前只有三大電視網的時代。

四、壟斷

　　壟斷，也是所有權改變的現象，在美國早年造成的就是「一城一報」。以前在密蘇里念書的時候，跟大家分享一下，我們新聞學院的院長，有一次跟我們上課，曾經說到：有一個老師在超級市場偷東西，被抓到了，結果報紙記者去採訪。但是採訪完之後，那個老師說：「如果你敢把這個東西登出來的話，我就自殺給你看。」

　　那個報紙記者很有道德良心，所以他就沒有登。院長就說，好，那我們現在找兩個同學來問問看：「如果是你的話，你要登還是不登？」結果就抓了我，還有一個美國同學，我們兩個都是做過記者的，那個時候，我的答案是「我必須登」。因為在台灣，那麼多媒體，如果我不登的話，其他媒體會搶著去登的，所以最後還是沒有辦法保護到那個老師。可是那個美國同學的背景跟我完全不一樣，那個美國同學就說「他不登」，因為他從小長大的環境就是「一城一報」，因此他不登的話，就沒有人登了，沒有人登的話，那個老師的名節就保住了。所以你看，經濟的環境會影響到報業運作，非常厲害，就在這個地方顯現出來。這個真實故事，我們院長提出一個更好的作法，是當初真正處理的經過，就是那個案例中記者還是沒有登，等到那個老師離開了這個城市，確定他看不到這個消息了，他才把這則新聞登出來。我的博士班是在密蘇里大學校總區念的，它位於密蘇里哥倫比亞市，才七萬人口，算是還不錯了，有一個大學新聞學院自己辦的一份商業報紙，另外還有一個報紙跟它

競爭，這在美國算是異數。就連德州第一大城休士頓，它在一
九九〇年代也只剩下一家報紙，所以壟斷的現象算是滿嚴重
的。

五、橫向整合與縱向整合

　　另一個現象是「整合」，分為「橫向整合」跟「縱向整
合」。「橫向整合」就是一家公司買下所有的媒體，像是報紙、
電視、書籍印刷這些東西等等；「縱向整合」就是一家公司買
下所有上下游，包括生產及銷售過程的所有東西。充分的橫向
整合跟縱向整合的結果，就會發生一個很有趣的現象，比如有
一個雜誌，上面登了一篇文章，過了不久之後，這篇文章就變
成一個電影劇本，因為旗下的電影公司把它寫成電影劇本、拍
成電影，有人又按照這個劇本寫一些主題曲去打歌，最後又在
它的電視頻道還有錄影帶租售店中造成轟動，所以從頭到尾，
這個營運全部在這家公司底下。這裏面就有一個問題，如果是
政府這樣做的話，可能叫官官相護了，可是在私人公司裏，這
個東西到底是它的品質好呢？還是因為它正好在大公司裏，所
以到處都在幫它推銷？

　　這是一個令我們傳播人憂慮的現象，如果是這樣的「近親
繁殖」，它能不能產生最好的產品？可能因為所有權改變、可能
因為橫向和縱向整合，最後產生出來的並不是一個最好的產
品。

六、所有權集中的利與弊

所有權集中當然有它的好處與壞處。就好處來說，首先，「資源的集中可以產生綜效」，也就是說過去沒辦法產生的一些好的效果，現在就有了；第二，「公司內部的協調，避免重複浪費」，使得我們這些媒體人的力氣可以涵蓋更多面向；第三，「因財力增大，有利新科技的採用」，比方說利用更多電腦來幫我們做事情。

關於壞處，最重要的一點就是「破壞意見多元化」。我想傳播或是新聞，最強調的一點就是意見的自由市場（free market place of ideas）。可是所有權集中、整合、壟斷的結果，可能就使得意見欠缺多元化。比方說，橫向的整合，可能不利於那些沒有辦法拍成電影的書。那些比較容易拍成電影的書，它在橫向整合的環境就比較容易出頭；沒有辦法拍成電影的書，在橫向整合的公司裏，可能就出不來，因為大家會覺得它的周邊效益不大。

再來，「外行領導內行」，比方說奇異公司買了NBC，結果奇異的總裁要NBC的氣象主播幫他促銷燈泡，這是很荒謬的事。兼併的結果，很多時候變成外行領導內行。我們學新聞的人，最怕被那些學經濟或是管理的人掐住喉嚨，因為新聞最強調的一點，就是創意與新聞自由，而這都必須建立在不能被控制的前提之下。可是，常常學管理的人進到新聞產業裏面，他就到處在管人家，把很多創意都扼殺掉了，原因可能是比如說「成本的考量」之類的，讓我們這些學新聞的人感到非常氣憤，

覺得很多創意都毀在這些學管理的人的手上。

　　第三個是它會「失去平衡中立的誘因」，因為沒有競爭的壓力。如果是一個獨佔的企業的話，你要報什麼新聞就報什麼新聞，你不報，就沒有人會報了，就像我剛才說的「一城一報」的老師偷東西的新聞。當然，這裏面還有新聞倫理的考量。你是不是為了跑新聞可以不顧人命？這是另外一個值得討論的考量。

　　對於所有權集中的利弊，有一個很有名的學者Ben Bagdikian，他研究的結果是「媒體缺乏競爭，所以內容會趨向同質化」。這樣對於媒體來說，當然是一個很不好的現象。最好能夠百家爭鳴，這是從過去到現在以來我們一直所期盼的理想。

七、新民主假說

　　對廣告商來說，媒體中出賣的商品其實不是節目，而是其背後的觀眾。我們都以為廣告商是買你的節目，來播他的商品。其實，廣告商並不在意你這是什麼節目，他只在意我這個廣告能不能觸及到你這個節目背後的觀眾，所以當然他們很看重收視率調查（rating）。所以難怪我們看到有一些媒體收視率增高一個百分點，他們馬上切蛋糕慶祝。因為廣告商很看重收視率，收視率代表觀眾有多少，也代表會買東西的人有多少。

　　再來，我們看一下這個「新民主假說」（New Democratic Assumption）（見圖7-3）。傳統上說，這個民主社會，是來自於投票行為，而投票行為則是取決於正確的資訊（accurate infor-

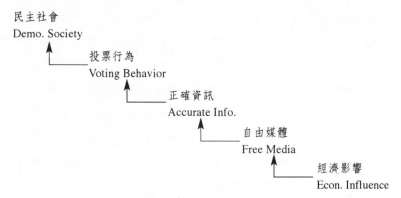

圖7-3　新民主假說

mation）。正確的資訊是來自於自由的媒體（free media），所以
沒有自由的媒體，就沒有正確的資訊；沒有正確的資訊，那我
們選民就只不過像一群會投票的驢一樣，那最後所產生的民主
就不知道是個什麼樣的民主。所以，自由的媒體是民主社會的
重要基礎，傳統的民主假說大概就是這樣的情況。

　　而「新的」民主假說，是考量何種因素影響了自由的媒
體。不可諱言地，經濟力量對自由的媒體有莫大的影響，其
實，自從有媒體以來，政治、經濟與其他力量就一直影響著媒
體，隨著社會漸漸走向民主，政治影響媒體力量漸少，而經濟
的影響力才逐漸浮上檯面。過去常公然打壓媒體的政治力，如
今卻反常地出來保護媒體。

　　所以，這就告訴我們，之前檢察官要來搜索中時晚報，為
什麼行政院長要跳出來，總統也要跳出來維護媒體。原因是真
正想得深刻的人就知道，假如媒體沒有自由的話，其實這個民
主社會本身會很有問題。我們拿美國和蘇聯的媒體來比較好
了：蘇聯的媒體一天到晚講假話，講了七十年，結果蘇聯垮

了；美國的媒體一天到晚講眞話，講了兩百年，結果美國繼續
存在，這個社會反而更加健康。二、三十年前，也有人講，他
在香港看中國大陸，覺得那邊好像是個天堂，因爲翻開中國大
陸的媒體，一天到晚都在講這個社會有多少好事情，可是你翻
開台灣來的報紙一看，覺得台灣好像個地獄一樣。不過你到兩
個地方實際去看，正好相反，那爲什麼會這樣呢？因爲台灣的
媒體還多少有盡到它的社會責任，會把正確的資訊提供出來，
所以社會的病態反倒因此而減少。

八、「不要責備褻慢人，恐怕他必恨你，要責備智慧人，他必愛你」

　　我就想起了我寫論文時看到的一句話：「不要責備褻慢
人，恐怕他必恨你；要責備智慧人，他必愛你。」那個時候是
一九九四年，我現在回頭想，我眞想寫封信去感謝我的指導教
授，因爲他當初跟我講：「你這篇論文不行！你要好好的改。」
其實那時候，我申請到香港中文大學的教職，我急著要去香港
教書。博士班讀了五年，已經讀到山窮水盡了，其實每個博士
班學生都是這樣，那些老美更辛苦，因爲他們很多都是貸款來
念書的。很多博士班讀到一半先去教書，後來再回來續讀，其
實我是不建議這樣，這樣是很辛苦的。不過，我那時候也是想
先到香港中文大學去教書，我的教授卻說：「你這個論文不
行，你要在一九九五年二月一號之前，把文獻探討這一章改
好。如果你改得不夠好，我們委員會不滿意的話，搞不好你連
學位都沒有了。」講得非常嚴重，那時候講到這個我頭就大。

所以，那時候我對我指導教授漸漸產生了不滿的心理，我覺得你明明知道我要到香港中文大學教書，我還把合約拿給你看了（其實我那時候可能犯了大忌，因為我合約上的薪水跟他教了三十年書的薪水是一樣的，因為香港有房租津貼的關係，所以加一加可能跟美國大學教授教書多年後拿一樣的錢），為什麼你要存心刁難我，不讓我早點畢業離開這邊？我甚至開始氣他恨他。但是很奇妙，有一天早上翻開聖經，我剛好就讀到這句話（我是個基督徒）：「不要責備褻慢人，他必恨你，要責備智慧人，恐怕他愛你。」我心裏想：那我要做一個智慧人還是褻慢人呢？我要做個智慧人，那當然就要愛我的指導教授，可是我真的愛不下去。但是很奇妙地，好像那句話就把我拉住。最後一九九五年年底，我圓滿畢業。各位在座都是研究生嘛！所以我幫各位老師講一句話，如果你的老師說你的文章寫得不好、把你的論文丟到垃圾桶裏，你千萬不要恨他，你要愛他，其實因為他是「愛之深責之切」罷了。

　　十年之後，現在我完全想通了。前幾年我看到一本書，是加州柏克萊大學總校區的校長田長霖的傳記，裏面有一段特別講到他的博士論文。他說，他到現在還非常後悔他的博士論文是草草了事，因為他的指導教授還有論文委員會的委員都認為，他已經在國際期刊發表了幾篇非常著名的文章，所以就讓他很順利的畢業，他的博士不到四年就拿到了。可是，他說他到現在晚上有時候還會睡不著覺，因為他很想衝進他母校的圖書館，把他的博士論文偷偷拿出來燒掉，因為裏面的瑕疵太多了。所以我現在回頭一看，一九九四年，我的指導教授不是恨我，他是愛我、維護我，他說我的論文要改寫，所以我在那邊又多留了一年，但我現在非常感激他，我最近甚至想寫封信去

表示我的謝意。因爲他那時那樣做，所以我現在晚上不會睡不
著覺。

九、自由媒介

　　我們又回到新聞，一個自由的媒體，常常會報導正確的資
訊，但是正確的資訊卻往往是當權者所忌諱、不喜歡聽的東
西。所以當權者想盡辦法要去掩蓋這些事實，最後卻是害自
己、害整個社會。所以，我們看到蘇聯的解體，其中一個很重
要的原因，就是它沒有一個針砭這個社會的媒體；而美國之所
以強大，也正好是因爲它有自由的媒體，這個自由的媒體讓這
個社會變得比較透明、讓那些做壞事的變得無所遁形。有人說，
二〇〇四年十一月凱瑞（Kerry）最後爲什麼沒選上美國總統？因
爲，最後一刻人家一想：你這個人又不反對墮胎、又不反對同性
戀，你這個人道德操守有問題，最後沒有選他。這就是一個自
由的媒體使得資訊透明化的結果。

十、經濟力量對媒體的影響

　　接下來我們要看的，就是民主假說後面隱含的問題：經濟
力量對媒體的影響。其實我們的媒體眞的是自由的嗎？很多時
候好像不是，第一、它不是免費的；第二、它也不是自由的，
因爲背後有好多隻手在拉住它，其中有一隻就是經濟：看不見
的手。Bagdikian曾諷刺說：美國有個「私人資訊局」；相對

的，當然就是指第三世界國家的新聞局。

　　我再舉個例子，美國有一個小鎮，裏面有一個雜貨鋪（grocery store）（就是類似我們大潤發、家樂福這種大賣場），有消費者發現裏面有壞掉的肉拿出來賣，所以就打電話給媒體，希望媒體能夠報導。那家報紙稿子都寫出來，準備要登了，但是那家大賣場打電話來威脅報社老闆，說你如果敢登的話，我們禮拜三的報紙夾頁以後就再也不給你做了。美國的報紙夾頁發展得很完善，大概是四至六頁的東西，你可以在裏面翻到很多促銷的資訊；這個東西是報紙很重要的廣告收入來源。所以當大賣場以撤掉廣告來威脅報紙時，這就是「私人的資訊局」，私人嚴重地控制媒體。媒體商業化，後面其實有好多不為人知的黑暗，這只不過是冰山的一角而已。

十一、廣告對媒體的影響

　　在資本主義的社會裏，媒體的基本目的就是要能夠賺錢。電視節目，特別是戲劇節目，摸索到今天，還是沒有摸索出一個保證成功的模式。因此，在華人電影中，就產生了一個「黃飛鴻現象」。黃飛鴻其實是一九三○至一九四○年代的時候，大陸的一個武師，一九五○年代香港把他拍成電影，結果這個片子一炮而紅，後來總共有一百多部黃飛鴻系列電影。演黃飛鴻的這個人叫關德興，他竟然上了金氏記錄，因為他是扮演同一個電影角色次數最多的人。這就是因為媒體發現這個模式成功，所以趕快去拍續集，但媒體其實不知道什麼是成功的模式，好多電影拍出來都草草下片了。所以對投資電影的人來

講，這也是一個壓力，因此為了獲利，他們就找那些容易引起大家注目的東西。所以在媒體中我們可以看到所謂的「樂隊花車效果」，當你看到有人成功的時候，你就一窩蜂的跳下去跟隨他，結果當然就失敗了，因為觀眾可能已經厭倦了。不過黃飛鴻這個電影能演那麼多部也算破記錄了，而且一九九〇年代，那些香港的導演還是在拍黃飛鴻，這可能說明了另一個現象：觀眾是健忘的。

一般的觀眾大概想不到，比方說，電視台一年可能有三十六個電視節目，但是深究當初，則可能有一百零三個劇本送進電視台讓它審，最後只用了三十六個，可是最初的點子可能有上千個，所以成功率其實不高；而三十六個節目，成功的可能只有四、五個（成功的標準是有否續集：因為它出了續集，表示收視率還滿高的）。

一九九〇年代另外一個現象，就是新聞雜誌節目抬頭。對台灣來說，可能最多的就是談話性節目，例如二一〇〇全民開講。這種節目的特色有兩個：一個是成本低，可以在台內製作；另一個就是新聞再利用。對觀眾來講也有好處，就是一個事件發生了，你不知道該採取什麼立場，至少看一下專家的講法，第二天跟朋友聊天的時候比較有話題，或者比較不容易講錯。

媒體是以營利為導向的，要營利則有兩個作法：一為增加收入，一為減少開支。減少開支具體的作法有幾個：以新聞媒體來說，那是讓「記者少一點」，或是「要一個記者同時做很多事情」和「減少深度報導」，因為深度報導通常花的時間是比較多的。在美國有一種調查訪問（investigative reporting），這個可能要花幾個禮拜或幾個月的時間。真正有深度的東西，要花時

間，但是報社可能沒有那麼多錢，它們也可以「多用通訊社稿」、「多用公關稿」，或是「把某個菁英分子當作固定消息來源」，所以你常常可以看到不管發生什麼新聞，被訪問的都是那幾個人，這就是媒體要節省經費的作法。因為記者每天有截稿壓力，所以他不可能到處去採訪人，有些人講話又沒有重點，這種人就不受記者歡迎，所以記者也會看誰是適合採訪的，而經常訪問他們。我猜這些菁英分子也有一個任務，就是沒事的時候拚命啃報紙，媒體要訪問他的時候，才有話可以說，或者說話不會太離譜。另一個省錢的方法是「採訪重點放在非突發新聞」，因為突發新聞是比較臨時、可能也要耗費比較多資源，例如SNG車。

　　另外，媒體增加收入的部分，就是製作輕鬆、娛樂性強的節目；還有使新聞走向好玩、有趣，而非激怒觀眾。這個例子在美國和台灣都很多，例如一九九八年柯林頓（Clinton）和陸文斯基（Lewinsky）發生醜聞，媒體整天報導就是他們兩個人發生了什麼事情。這個新聞的特性就是輕鬆、好玩、有趣、娛樂性強；在台灣像是王筱嬋的新聞也是一樣。媒體之所以要找這些人，就是希望能增加利潤的一個作法，因為緋聞案不會激怒觀眾、比較有趣，可以放輕鬆一點。

十二、廣告佔營收的比重

　　就報紙來說，三分之二的收入是來自於廣告，只有三分之一是來自於賣報紙（訂戶或是零售），所以沒有廣告，報紙是沒有辦法生存的。曾經發生過一個事件：《中時晚報》詳實地報

導7-ELEVEn被千面人下毒事件,這讓統一超商非常生氣,高清
愿就下令把《中國時報》從零售點報架上的最上層降到最底
層,打入十八層地獄。有時候我們去買東西,因為很懶或是時
間很趕,常常拿最上面一份就走了。所以《中國時報》的總編
輯就受不了了,親自向高清愿道歉。我那時候有特別注意到,
有一天,《中國時報》登出一個整版的「7-ELEVEn成立第二千
家店慶祝專頁」。我看那裏面的文字非常肉麻,這些都存在《中
國時報》的檔案庫裏面。那時候一些媒體評論家也對《中國時
報》有很多批評,因為7-ELEVEn可能是它的一個通路商,大家
知道現在訂報的人不像以前那麼多,大家可能都是去買早餐的
時候順便買一份報紙(而且還有「買報紙送包子」),所以經濟
力量宰制了媒體的內容,這是非常可惜的一件事情。

　　過去無線電視台的三台,幾乎百分之百是依賴廣告。以前
有線電視台還沒有成立的時候,無線電視台其實是非常賺的。那
時候三台年終獎金發十幾個月,一年六十億元的盈餘都是常有之
事,這後面都是廣告的錢。當然,現在是王小二過年,一年不如
一年了,所以三台決定朝向公共化來發展。只是公共化在我們研
究傳播的人來講,就好像從二十世紀退步到十九世紀去了。因
為媒體本來是從政治的影響力出來的,現在又回到政治的組織
裏面,好像很奇怪,這樣的話,預算就被立法院掐著喉嚨。以
中央社來講,我個人也是覺得它不應該由黨營朝向國營,它應
該由黨營朝向私營才對,想想看,中央社是國營的,到聯合國
採訪不就更困難嗎?所以它的路也是反其道而行。

　　公共電視,以我們研究傳播的人來講,其實不太看好它,
像美國的公共電視就滿弱的。我記得我在密蘇里及德州念書的
時候,公共電視的訊號都是最弱的,因為沒有錢。由於不能播

廣告，所以收入就是靠募捐，或是政府編預算給你，但這些都
是有限的。就連英國的BBC，它有一部分收入也是要靠廣告，
它是最老牌的公共電視，但最後還是走上私營的路，原因就是
只靠著政府是會倒的。因此，對三個無線電視台來說，公共化
未必是一條光明大道。

　　有線電視基本上有兩條路。以新竹的有線電視系統來說，
一年大概可以從訂戶收到五億元的訂戶收視費用。另外它還有
一些廣告收入，但是地方的廣告收入並不會太多（就像報紙上
的分類廣告一樣），大概一年幾千萬元的廣告收入，所以它是靠
著訂戶在生存的。但是頻道台又不一樣了，頻道台會有很多全
國性的廣告，譬如TVBS或是三立台，如果節目好的話，它的廣
告量是非常多的，而且全國性廣告的收入也不錯。另外，有線
電視的頻道台也可以跟地方台收費。所以有線電視的頻道台反
倒比較容易生存。

十三、無孔不入的廣告

　　表7-1是電影裏面出現廣告的例子，這些廣告，幾乎每部片
子都有，他們把廣告變成劇情的一部分。

　　另外，廣告在學校和醫院裏面也很多。美國大概有八百萬
名的青少年，他們每天都看channel one的新聞節目，其實這些新
聞節目都是傳播公司做的，他們基本目的就是要賣廣告。醫院
裏面也是一樣，你看醫院裏面擺的那些雜誌，其實都是傳播公
司提供的，它的目的也是要賣其中的廣告給那些病人。這些學
生跟病人是不得不在那些地方接受這些訊息的人，的確我們不

表7-1　無孔不入的廣告例子

電　影	產　品
Demolition Man	Taco Bell
Enemy of the State	Phillips cell phone
E.T.	BMW 740, Mercedes
The Firm	Reese' Pieces Candy
The Flintstones	Apple computer
Golden Eye	McDonalds
Home Alone 2	BMW Z3
Jurassic Park	American Airlines
Lethal Weapons 4	SGI computers
Mission Impossible	Pontiac Grand Am.
The Paper	Apple computers
Superman II	SGI computers
True Lies	Marlboro Man Cigarette
Teenage Mutant	Marriott Hotels
Ninja Turtles	Domino's Pizza

知不覺都會收到很多廣告訊息。

　　這裏有一個很有意思的案例。英國有一個《激進工人報》，它的發展在一八五〇年前後，存在一個很大的分野。我們知道工業革命是一八〇〇年在英國發生的，這個英國《激進工人報》在一八〇〇至一八五〇年這段期間，曾經有過一個高峰，是全國銷售量最大的報紙。可是很不幸地，在一八五〇年以後產生一個問題，因為它的特色就是太激進了，所以沒有什麼廣告商願意登它的報紙。因為廣告商都是既得利益者，既得利益者跟這些工人階級的立場是完全相反的。工人是無產階級，廣告商是有產階級，有產階級不喜歡登無產階級的報紙。所以，《激進工人報》就沒有什麼廣告收入，而那些立場比較偏向中產階級的報紙，就收到很多廣告，最後這家《激進工人報》就倒

了。這是一個非常有趣的案例，就是你的銷售量非常大，可是那些廣告商瞧不起你：第一個原因是你的立場跟他完全相反，他不願意把廣告放在你這裏；第二，他覺得即使他的廣告放在你這邊，但你的觀眾可能太窮了，而沒有能力去買他的產品。因此，對於廣告如何衝擊過去的媒體，這是一個比較特殊的例子。剛才我們已經講過了統一的千面人事件，最近還有政府的置入性行銷，還有美國超級市場的臭肉事件，經濟的力量在今天還是常常衝擊媒體。

至於廣告如何衝擊媒體？我們在媒體裏面有一句俗話：誰付錢就聽誰的。有一本新聞學有名的書："*Agent of Power*"。基本上，這本書它的立場是新馬克思主義，研究的結果發現，常常誰是付錢的人，媒體就聽誰的，經濟力量決定一切。過去，媒體往往受到政府的宰制；現在，媒體受到經濟力量的宰制。它背後有一個一直揮之不去的問題就是：誰在出錢養這個報紙？在以前可能是政黨，現在是企業的大老闆，所以我們可以看到，現在媒體可以批評政府，但是批評企業的話，聲音就會比較小。對於廣告商、對於大企業，記者常常會做一些自我審查，具體作法大致有幾個：第一、他會降低批評度；第二、他會省略重要細節；第三、他會去掉整個故事，甚至整個新聞乾脆不要寫；第四、他會減少可能偏見，如果最後不得不寫的話，他也會儘量保持中立。

一百五十年前，新聞界開始有一個很重要的觀念叫作「客觀報導」。「客觀報導」大概是從一八五〇年開始的，有人說這個觀念跟美聯社有關，因為美聯社是一八四八年成立的（好像跟共產主義宣言同一個時間）。為什麼「客觀報導」跟美聯社有關呢？因為美聯社是六家紐約的報紙共同組成一個社團，那時

候歐洲跟美洲之間只有輪船，連飛機都沒有，也沒有電報，那時要搶歐洲的新聞，就要派一艘小船，到公海去攔截大輪船，上船把新聞趕快採訪出來，或者把歐洲的報紙拿回來，送到紐約開始轉載。所以，一八五〇年的時候，新聞只能用輪船運來（那是很奇妙的世界吧！），而美聯社成立的目的就是要搶快。後來世界各地有很多的報紙加入美聯社，成為它的訂戶，現在美聯社全球的雇員大概有六千個，差不多二百五十個新聞分社，像台北就有一個，而很多小地方大概就只有派一個記者去而已。當時，美聯社要應付所有的媒體，各種立場都有，因此美聯社就發展出一套非常小心謹慎的寫稿方式，叫作「客觀報導」。基本上，它不能偏向任何一方，不然訂戶會有意見。

但是，就廣告對新聞媒體的衝擊來說，同樣衝擊了「客觀報導」的觀念。因為廣告商希望它所登的廣告是最大多數人所能看到的，所以對那種立場很鮮明的報紙，其實廣告商不會很喜歡。廣告商喜歡的是那種中間路線的報紙，這種報紙銷售量比較大，所以廣告商其實在後面鼓動客觀報導。因為媒體假如是客觀報導的話，讀者群比較廣，銷售量、發行量、收視率就會比較高。所以，媒體如果不走中間路線的話，可能是在自掘墳墓。我們看到有一些自掘墳墓的媒體已經倒了，例如，早年的台北有一個《首都早報》，現在已經沒有了，原因就是它的讀者群是很有限的，只能鎖定在深綠或淺綠。不過現代的傳播學研究告訴我們，「客觀」這東西其實只是一個擋箭牌而已，事實上，沒有一個人是真正客觀的。所以，現在新聞學界比較不強調「客觀」了，而是強調「中立」，或是「平衡報導」。例如，每次選舉的時候都可以看到，有些團體在替候選人「讀秒」，是指電視新聞報導三個候選人的時間是不是都差不多，還

是會特別花十五分鐘在談論甲，只有五分鐘在談論乙跟丙，如此就不是平衡報導。這就是「客觀」跟「平衡」在過去一百五十年的演變。

十四、傻子伊凡力抗經濟與政治的魔鬼

我想到托爾斯泰（Tolstoy）很有名的短篇故事，叫〈傻子伊凡〉。伊凡是個傻子，他有兩個哥哥，老大是個軍人、老二是個商人、伊凡自己是個農夫：老大、老二都非常聰明能幹，不像伊凡是個傻瓜。有一天，老魔鬼把三個小魔鬼叫來，問他們有什麼辦法把伊凡三兄弟給搞垮。第一個小魔鬼就說：「老大是個驍勇善戰的軍人，所以我要讓他有很大的野心，讓他想要征服全世界。」沙皇命令老大去進攻印度，結果，小魔鬼就趁著晚上偷偷把老大部隊的軍火弄濕，又幫助印度國王，用稻草做出很多的軍隊。結果老大就一敗塗地，被抓起來要槍斃，但是小魔鬼想個辦法讓他偷偷溜走，於是老大就回到家裏去跟伊凡種田。第二個小魔鬼說：「老二是個商人，我要讓他非常非常貪心，看到什麼都想據爲己有。」於是老二就一直想要賺更多錢，把賺來的錢又拿去抵押借錢投資，最後一敗塗地，也不得不躲回老家。

伊凡是個傻瓜，所以他對他哥哥回來都非常歡迎。但是，大哥的太太對伊凡非常不滿意。吃飯的時候，就說有這傢伙在餐廳好臭，所以大哥就把伊凡趕到外面去吃；而二哥的太太也不喜歡伊凡，因爲這個農夫身上確實很臭。不過，伊凡的心態就是，人家說我什麼不好，我就改進嘛！最後伊凡還是跟他們

相安無事。

　　老大跟老二的魔鬼忙完任務之後，就來這裏幫助老三的小魔鬼。沒想到，伊凡這邊的小魔鬼做事非常不順利，因爲伊凡太誠實了，而魔鬼通常是講謊話的，所以碰到一個講眞話的人，就找不到他的問題。這讓我想到在密蘇里的時候，老師說：媒體的第一個信條，就是要講眞話。

　　後來，小魔鬼沒辦法，就趁伊凡去耕田的時候拉住他的犁頭，但是伊凡是個傻子，所以就繼續用力拉，最後小魔鬼就被他從泥土裏拉出來了。伊凡說：「原來是一個這麼醜陋的東西在攔阻我呀！」伊凡就決定把他摔死，小魔鬼說：「對不起對不起，我願意爲你做任何事情，只要你不殺我。」因爲小魔鬼之前在伊凡吃的飯裏面吐了一口口水，他吃了之後肚子非常痛，所以伊凡就說：「那你能不能讓我的肚子不痛啊？」小魔鬼說有辦法，於是就鑽到泥土裏面，拿了三條樹根出來，跟伊凡說把這三條樹根吃下去，肚子就不會痛了。伊凡吃了一個，肚子果然不痛了。剩下的兩個樹根後來還有用，因爲公主生病了，所以後來伊凡用這樹根救了公主的命。

　　可是最後伊凡說：「你走吧！願上帝與你同在。」那個小魔鬼聽見上帝的名嚇得抱頭鼠竄。老大和老二的魔鬼完成任務之後，就來這邊看看有沒有要幫忙的，結果發現老三的魔鬼不在了。所以，他們就想盡各種辦法要整倒伊凡，但是也沒有辦法，自己反倒被嚇跑了。因爲這故事有點長，所以後來如何我就不講了。

十五、結語

　　伊凡的故事給我們一些啓示。基本上，傻子伊凡雖然看起來很傻，但是其實並不傻，周圍的人才傻。所以我們做人做事要小心的一個地方就是：你是看起來很聰明？還是真的很聰明？像我們新聞界如果要堅持講真話，看起來很傻，最好是見人說人話、見鬼說鬼話，可是你要堅持講真話，才能夠持久，不然就禁不起時間考驗，最後就倒下來。像傻子伊凡，就是堅持講真話，這種人對付魔鬼才能夠成功，像他的兩個哥哥就是因為太聰明了，所以上了魔鬼的當。

　　就我們媒體來說，我們遇到的第一個就是「政治的魔鬼」，它用的方法是「野心」。媒體好幾千年以來，都受到政治的干預。政治為什麼要干預？因為當權者不喜歡媒體講真話，他最喜歡聽到每個人都說國王穿了一件很漂亮的新衣。可是我們媒體常常要講：「國王其實沒穿衣服啊！」所以當權者就很不喜歡。因此，媒體一直在跟政治掙扎，直到美國來了一個憲法第一修正案：國會不得立法限制宗教及言論自由。所以這是媒體奮鬥了幾千年，最後得到的權利。第二個魔鬼就是「經濟的魔鬼」，它用的方法是「貪心」，用各種方法來引誘、勾引媒體，使媒體臣服於它。那媒體要怎麼擺脫經濟的魔鬼？我想，傻子伊凡的故事啓示我們，你還是要堅持講真話，而且不要恨人，最後還要說「上帝祝福你！」跟它保持友好的關係。

　　除了政治跟經濟的魔鬼之外，還有沒有其他的魔鬼呢？其實很多，像是族群、文化、環境、社會的問題，這些東西都想

要宰制媒體，讓媒體無法正常發聲。當媒體無法正常發聲的時候，也就是說這世界有很多黑暗的事情，但是沒有人知道，或是大部分人不知道，這個社會的問題就大了。我們常說希望有一個「自由的媒體」，其實這是一個理想，因為現實生活中媒體受到太多太多的影響以及太多太多的控制了。

（責任校稿：康景翔、陳奕均、張蕊）

參考文獻

中時晚報（2004），「保守派相信FOX　民主黨看CNN」，2004.11.03中時電子報。

Altshull, Herbert (1984). *Agents of Power: The Role of the News Media in Human Affairs.* NY: Longman.

Bagdikian, Ben (1993). *Media Monopoly* (4th ed.). Boston:Beacon Press.

Collins, Ronald K. L. (1992). *Dictating content: How Advertising Pressure Can Corrupt a Free Press.* Washington, DC: Center for this Study of Commercialism.

Compaigne, B. M. (1982). *Who owns the media? Concentration of ownership in the mass communication industry.* New York: Crown.

Curran, James (1977). Capitalism and Control of the Press, 1800-1975. In James Curran, Michael Gurevitch, and Janet Woollacott, eds., *Mass Communication and Society.* London: Edward Arnold.

Entman, Robert (1989). *Democracy without Citizens.* New York: Oxford University Press.

Lippmann, Walter (1922). *Public Opinion.* NY: Harcourt, Brace.

Lopes, Paul D. (1992). Innovation and Diversity in the Popular Music Industry, 1969 to 1990. *American Sociological Review*, 57: 56-71.

Owen, Bruce M. & Steven S. Wildman (1992). *Video Economics,*

Harvard University Press, Cambridge, MA.

Peterson, Richard A. & David G. Berger (1975). Cycles in Symbol Production: The Case of Popular Music. *America Sociological Review*, 40: 158-173.

Picard, Robert G. (1989). *Media Economics: Concepts and Issues*, Sage Publications, Newbury, park, CA.

第八章

政治經濟學：
幾個研究領域

吳親恩

學歷：密西根大學政治學博士

現職：中央研究院政治研究所助研究員

研究專長：政治經濟學、公共選擇、比較制度分析、東
　　　　　亞政治經濟發展

一、經驗政治經濟學

　　政治經濟學有很多學派，包括了經濟學途徑，左派的馬克思理論，政治與社會學家專屬的發展國家論，各有各的研究途徑與價值觀。這裏談的政治經濟學，指的是經驗政治經濟學（positive political economy），其基本精神是在個體的基礎上，研究政治制度與政治體系對經濟生活的影響。經濟學途徑以外所進行的政治經濟學研究，在方法論上不以個體為基礎進行推演，各個研究之間常常面臨基本概念彼此相異，以及論證不夠嚴謹的問題。某些途徑在理論上帶有先驗的規範，例如馬克思政治經濟學以及依賴理論，限制了其客觀推論的可能性。

　　反過來說，在早期經濟學領域，常常是在一個沒有政治力作用的假設下推論市場均衡，也使其論證帶著規範性的色彩，或者可以說是跟現實有一些脫節，即使有些研究企圖將政治運作放入限制式中，對政治制度的理解常不夠充分。所以從一九八〇年代開始發展起來的經驗政治經濟學，就是建立在個體經濟的假設與研究方法之上，加入政治制度變項，希望理解各種政治制度及其配套，如何影響經濟變項，例如公共支出、通貨膨脹、失業率成長以及所得分配等比較重要的經濟議題。所以這個新的「經驗政治經濟學」希望立基在個體經濟的推論假設之下，把政治制度帶進來，討論它如何去影響到這些經濟變項。這是對於經驗政治經濟學的一個簡單介紹，這也是今天跟大家所要做的報告中使用的途徑。

二、政治景氣循環

　　接下來我要介紹政治經濟學裏面幾個比較大的研究領域，第一個我要講的這一大塊的研究領域是「政治景氣循環」（political business cycle）。這概念就是說，因為民主國家政治生活中有選舉，或是威權國家裏面有繼承等等，這些事件都會影響到經濟政策與產出。選舉的週期就會影響到經濟的波動，它主要是透過政府的政策來影響經濟的波動。第一個比較具體的模型是Nordhaus在一九七五年提出來的「投機模型」（opportunistic model）。他最基本的概念就是假定經濟體系中存在著菲力普曲線（Phillips curve），我們知道菲力普曲線是在描述通貨膨脹率和失業率之間的一個關係。這是紐西蘭裔的經濟學家Phillips所提出來的，他是觀察英國在二次大戰之前大概有一百年的歷史，他發現到英國的通貨膨脹率和失業率存在一個負向的關係。

　　也就是說通貨膨脹率很高的時候，失業率就會比較低；通貨膨脹率降低的時候，失業率就會偏高。這主要的機制就很明顯地是透過政府的「貨幣政策」，政府如果採取比較寬鬆的貨幣政策，國內的失業率就會降低，但是通貨膨脹就會高一點；反之，如果採緊縮的貨幣政策，則會有低通貨膨脹與高失業率。所以，菲力普曲線就是說經濟體裏面存在這樣一個相互消長的關係，有這樣一個消長關係的話，政治人物就可以來操作。他可以透過操作來達到一個他想要的通貨膨脹和失業率的組合。因為使用某種組合，可以有利於他的勝選。

　　Nordhaus另外一個假設就是政治人物只關心他的勝選，而不考慮其他部分，例如是建國或是追求國家經濟快速成長等等，這些因素在這模型中基本上是被排除的。所以這個模型假設政客關心的事情就只是透過影響經濟的運作，來獲得最大勝選的機率。在選民方面，就會假設說在選前，選民會去觀察現任政府的經濟表現。如果選前他的經濟表現是好的時候，選民就會傾向把票投給現任政府。以上這幾個是這模型的基本假設。

　　有這樣兩個假設，Nordhaus就推導出以下幾個結論。第一個就是：選舉前政府會利用菲力普曲線在通貨膨脹率和失業率之間這樣一個負向關係，用以刺激經濟。具體來說，選前政府會採取較寬鬆的貨幣政策來刺激經濟、刺激景氣，以使得失業率降低，來獲得更多的選票。第二點就是：因為寬鬆的貨幣政策會使得通貨膨脹率開始增加，但是通貨膨脹率是政府不敢讓它一直增加的，所以選後政府就會選擇比較緊縮的政策，讓通貨膨脹再降低下來。另外一個，在失業率方面，選前有比較擴張性的貨幣政策，所以會出現高成長和低失業率的情況。但是選後政府就會選擇比較緊縮的政策，所以會有衰退狀況。

　　此外，Nordhaus的模型中政府不分黨派，在選舉前後都會採用這樣的一個政策。所以在這裏都會看到某一程度的循環，就是在選前它的景氣是往上爬的；選後景氣就比較會往下跌，因為政府採用緊縮的政策。每一任政府就會一直有這波動的循環狀況，這就是政治景氣循環（political business circle）最原始的一個模型。

三、左派與右派政府的偏好

　　相對於「投機性模型」這樣一個政治景氣循環模型，後來出現了一個修正——「政黨輪替模型」，主要的學者有Hibbs和Alesina。因為在投機性模型中假定政黨的偏好是一樣的，也就是不同政黨對於失業率和通貨膨脹率的組合的偏好都是一樣的。但在政黨輪替模型中，指出這樣的假設是不對的，因為不同的政黨對於失業和通貨膨脹的偏好是不一樣的。但是這模型還是假定經濟體存在著菲力普曲線，政府可以藉由操縱通貨膨脹率和失業率這樣的負向關係，來達到其理想之組合，以獲得勝選。

　　左派和右派政黨在此政黨輪替模型裏，被設定對於失業率和通貨膨脹的容忍度有所不同，一般來說，左派政府會偏好比較低的失業率，但是他可以容忍比較高的通貨膨脹率，因為受失業影響最大的通常都是勞工，特別是藍領工人，而勞工通常都是左派政黨最主要的票源，所以左派政府非常重視失業率降低這個問題。相對來講，右派政府的票源是來自於白領及中上階級，這個團體的失業率通常不是那麼嚴重，所以失業並不是其最大的考量。但是通貨膨脹則是其一大顧慮，因為通貨膨脹會把中高收入所得啃掉一大半，所以他們對於通貨膨脹比較不能容忍。

　　這也就是左派和右派對於通貨膨脹偏好不同的原因，而這個偏好也會影響到政黨的政策選擇。在這樣一個情況下就會出現一個預期的結果，左派政府執政時，失業率會偏低，但通貨

膨脹率就會偏高，在左派政府執政時期，這種情況會一直持
續；但是反過來說，右派政府執政時期，則會有比較低的通貨
膨脹率，但是會有較高的失業率，這情況會出現在整個右派政
府執政的情況下。所以在兩個不同的政黨執政下，失業率和通
貨膨脹率就會有截然不同的發展，這跟剛才「投機性模型」對
景氣波動的預測是不一樣的，這裏的波動是因為政黨的輪替而
造成的波動。這樣的波動主要是在政黨的意識形態之間距離比
較大時會比較顯著，但是意識形態縮小時，它的異動就會比較
小。

　　我們看到二次大戰剛結束後，尤其是西歐國家，這樣的政
策對比是比較嚴重的。所以政黨輪替所造成的經濟波動在二次
大戰剛結束的一九六〇、一九七〇年代時，是比較明顯，但是
在一九八〇年代之後，西歐和美國的主要政黨都在往中間移
動。也就是說，政黨之間的界線幾乎都看不太出來了，所以因
為政黨輪替造成的經濟波動循環也就開始減少，這是關於第二
個「政治景氣循環」模型的部分。

四、菲力普曲線（Phillips curve）不成立的情況

　　接下來談第三個「政治景氣循環」模型，其根本則是建立
在菲力普曲線不成立的假定下。政治景氣循環模型的出現是跟
著總體經濟裏面的理性預期學派的興起而出現的。因為理性預
期學派認為政府的貨幣政策某種程度來講，是沒有效果的。當
人民可以預期到政府的貨幣政策時，菲力普曲線是不會出現

的，也就是經濟體中不會出現通貨膨脹率和失業率的波動。假定實質薪資是由W/P所定，W代表名目薪資，P代表物價，此外假定薪資契約在一段時間之內是固定的，比如說廠商每年都會跟雇員重新定一次契約，但是一年內通常是固定的。所以當政府突然在這段期間內增加貨幣供給時，造成物價上漲而實質薪資下降，企業主會傾向僱用較多的勞力，所以失業率會下降。這是一般人沒有預期到的情況，就是貨幣供給的增加會有助於景氣的復甦。

反過來說，如果選民對於政府在選舉期間可能的貨幣擴張政策已經有預期，那勞資雙方就可以在選前把名目薪資調高，回到之前的那個模型，因為W已經調高了，所以不太會受到影響。所以政府新的擴張政策除了引起通貨膨脹之外，對於實質的經濟面不會產生任何影響，也就是對就業不會有任何影響。這樣會發現什麼呢？會發現政府的貨幣政策有一個選舉循環，但是實質的經濟面，也就是失業率，並不會隨之而波動。這是因為選民事前理性的預期到政府會做這樣的一個動作，而會有一些調整。這樣一個新的政治景氣循環是建立在理性預期的假設上面。不過理性預期本身有很多辯論，模型也有很多個，彼此的假設和因果機制也不一定完全一致。剛剛提到的模型只是其中一個，還有很多個，此處不另外討論。

五、政治預算循環

剛剛我們提到政府控制景氣波動的幾個模型主要是用貨幣政策。另外一方面，政府也可以利用預算的增減來影響景氣的

波動。這是Kenneth Rogoff提出來的「政治預算循環」（political budget cycle）。我們常常會觀察到執政黨會在選舉前採取擴張性的財政政策；但是在選後，會反過來採取比較緊縮的財政政策。政府利用預算來調控經濟與使用貨幣政策來調控經濟，有什麼不同？最大不同在於，即使選民充分預期到政府在選前利用政府預算來擴張、調整景氣，然後在選後比較緊縮政府支出，那政府支出增加還是會有其實質的效果。它比較不像剛剛提到過政府利用貨幣政策，其效果是比較小的，因為人民能預期到政府的貨幣政策來做出一些調整。

　　而與貨幣政策不同的是，就財政政策而言，即使一般人預期到政府的政策，它還是會有實質的效果，因為這些錢是會撒到實質的市場裏面去，好比說推行一些公共建設等等。這些對於失業率減少是有明顯的效果，即使其中很多計畫實質效益不是很高。

六、政府政策工具

　　這裏總結一下，就是說在政治經濟景氣循環裏面，政府可以用的政策工具其實有很多個。它會發生的選舉層級也不太一樣，一般我們在政治經濟景氣循環研究裏面，最先實證的是美國的大選，也就是從美國的大選去看它對經濟波動的影響。事實上，進一步也可以去看國會的選舉或是地方層次的選舉對於景氣波動的影響。此外，政府希望操縱的經濟變項，除了上述的通膨和失業率之外，某種程度來講，政府也希望能夠影響經濟成長以及股市。像台灣，在二○○○年以前，失業率和通貨

膨脹率對台灣來講不是很重要的問題，因為兩個都很低，反而是股市的指數比較重要。所以每個國家著重點會有些不一樣，當然二〇〇〇年以後，通貨膨脹率和失業率，尤其是失業率，會是執政黨希望控制的變項，這是台灣二〇〇〇年之前和之後不一樣的地方。

政府可以利用的工具有好多個，上面提到的兩個是「貨幣政策」和「財政政策」調控。有些國家的政府就可以直接參與股市的買賣，好比說是台灣，這也是政治經濟景氣循環的部分。像是選前政府就會進場多買一些股票，讓指數可以提高一點、大盤提高一點，然後選後再賣股票等等。這個東西還沒有很系統的研究，只是有這樣一個跡象而已。政治經濟景氣循環在西方國家其實做得滿多的，一些開發中國家，可能才剛剛民主化十年、二十年，所以沒有足夠累積的資料來看他們選舉對於經濟景氣循環的影響。那慢慢也可以朝這方向來做，比如說台灣、南韓等，因為他們大概也有五、六次比較大的選舉，可以看選舉對於經濟景氣波動的影響。

總結來看，政治景氣循環本質上對社會總福利來說不是一個好東西，因為這是政客操作的結果。這是他們操縱經濟，希望能勝選的方式。對人民而言，這卻不是他們想要的東西。那如果可以減少這些波動的話，其實對經濟的穩定是好的，因為政策穩定了，大家做決策時才比較不會誤判，也可降低資訊評估的成本。

七、影響政治經濟景氣循環的波動

接下來我們進一步來談談，是哪些因素會影響到政治經濟景氣循環的波動。我這裏舉出了幾個比較大、且常被研究的部分：第一個就是「中央銀行的獨立」，中央銀行比較獨立時，政府可以操縱的範圍就會減少。中央銀行理事會在這情況之下相對是獨立的，比較不受到政府所操縱。這樣政府就不可能在選舉前要中央銀行多發行貨幣、調降利率等，這樣就可以減少掉政治經濟景氣循環的可能性以及範圍。

其次則是政府是否面臨到政府債務佔國內生產總值（GDP）的限制，我們看到歐盟國家在加入歐洲經濟與貨幣聯盟（EMU）時，都會面臨好幾個總體經濟上的標準，其中之一就是他們政府債務佔國內生產總值的比重，不能超過一定的上限，具體是百分之六十。就是說，會員國政府的累計債務不能超過國內生產總值比重百分之六十，超過了就不能加入，因為這會影響到歐元貨幣的穩定。這就會對會員國政府造成一定的限制，就是說你的債務已經到了這個程度了，不能再發行公債，所以選前也不能再利用擴張的政策來影響經濟的表現。這就是說如果有一個對政府在財政操控上的限制，也會減少政府影響景氣的波動。

最後一個部分則是關於「政府是否會直接介入股市買賣」，這裏是一個需要被限制的地方，這可以減少政府對於股市不當的干預。所以這幾個制度上的規定，是可以影響到政府操縱經濟範圍比較大的因素。

八、公共支出

　　剛才討論的是在政治經濟學裏面很大的一塊領域，接下來要討論到的是公共支出領域的這一塊。最先研究這個領域的起因是一九八○年代之後，西方主要國家政府的債務不斷增加。也就是說，政府債務佔國內生產總值的比重不斷增加，很多國家可能佔到百分之六十、七十，甚至是一百，這是非常沈重的負擔，所以很多研究就是由這裏開始因應而生，企圖解釋政府支出佔國內生產總值比例為何擴大，以及為什麼某些國家增加得比較快，而有些國家比較慢？除了人口老化這樣一個社經背景影響之外，是否其他制度性的因素也有關聯？我們知道人口老化，醫療費用、社會福利費用就會增加，因此公共支出會隨之增加。當然控制這個之外，是不是有其他因素會影響到？所以這是這一個範圍內會關切的議題。

九、政府財政赤字的增加

　　對政府財政赤字的討論是立基於「稅收平衡理論」（tax smoothing theory）。政府基本上比較不喜歡調整稅收，因為稅收任意調整的話，會對生產意願造成扭曲，所以政府就儘量不去增稅、減稅。因為增稅、減稅，它的政治成本滿高的。在這樣的前提下，如果景氣不好，政府應該怎麼辦呢？比如說景氣不好時，政府稅收少；景氣好時，政府稅收多。但不能說景氣不

好時，政府的支出就減少，所以政府在景氣不好時就會發行公
債，來維持他支出的一定水平，這可以避免在景氣不好時雪上
加霜。在景氣好時，政府的收入多了，就可以拿這些錢來還之
前借的債務。也就是說，政府是在經濟景氣衰退的時候，以赤
字財政來提振經濟，但當經濟景氣回升的時候，則有多餘預算
可以平衡赤字。所以說這理論的用意在於說明，政府財政赤字
是波動的，經濟景氣的好壞，會影響財政的平衡。但是這平衡
是暫時的，就是一陣好、一陣壞，照這理論看來，是不會一直
惡化下去。

　　但是「稅收平衡理論」無法解釋政府財政赤字爲何會持續
增加，所以後來就有許多不同理論來解釋爲何政府財政赤字會
一直增加。早期像是Buchanan跟Tullock所提出的「財政幻覺」
模型，就是說政府的赤字財政對經濟的效果是很明顯的，但是
他要還債的時間是幾年以後，所以一般人民感受不到還債的立
即壓力，有點像是「現金卡」一樣，借錢很快樂，而且感受不
到將來還債的痛苦。所以這種財政幻覺出來之後，對於未來要
還債的壓力，在短時間內感受不到。這是關於爲何政府財政赤
字會不斷增加的第一個講法。也就是說，他們認爲選民是短視
的，他們過度看重眼前政府支出的增加所帶來的效用，但是低
估了未來爲了平衡預算時所必須增加的稅收負擔。另一種模型
是強調「跨期移轉」，也就是說人口之間有世代的差異，像是在
這一代發行公債，增加消費支出，而債務歸還就移轉到下一代
子孫身上，所以可以不用管這麼多。這裏就有跨期移轉在裏
面，就是說他把債務留給子孫，要他們來負擔，這是另外一個
理論。

十、政治制度和預算制度

　　此外，除了財政上的理論之外，則有模型將政府因素給帶進來，這裏之後就開始介紹政治因素對於財政支出增加的影響，第一個來看的就是把政黨極化程度和政治穩定帶進理論中，政黨極化程度增加和政府不穩定，使政府傾向於短視。這是Grilli這幾個人觀察西歐主要國家中，政黨的極化程度，特別是內閣裏面有幾個政黨，以及他們意識形態的差異。因爲如果說政黨數目很多，意識形態差異很大時，政府通常會傾向於很不穩定。也就是說他的輪替很快，兩、三年就輪替。不像是英國或是德國比較穩定，可能是八年、十年才有輪替一任政府。一、兩年就輪替一次的政府就會變得很短視，因爲他馬上會面臨下台的危機。所以他們的政策通常就比較是短線操作，這樣就會增加政府財務的支出。當政治體系極化程度高又不穩定的時候，現任政府會傾向增加眼前的支出與債務來求勝，因爲其失去政權而由敵對一方掌權的機率很高，如果因爲狂開支票而獲勝那很好，但如果還是輸了，留給敵手一堆債務也不壞。

　　接下來我們來看政治制度和預算的影響，第一個我們可以看「首相」和「財相」（財政部長）他們的權力大小。觀察西歐幾個國家裏面的首相與財相在決定政府的預算案時，他們的決斷力是什麼樣子。如果說他們很有決斷力，不太受到其他閣員的影響，尤其是聯合政府中其他黨派閣員的左右，則政府預算的增長是比較少的。一般來說，首相與財相的權力愈大，代表其擁有對預算支出法案的否決權，整體政府開支規模會相對縮

小；但是如果說財相和首相的權力比較小，他處處受限於其他
內閣成員或是其他黨派成員，那增加訴求的部分就不得不加以
考慮，這樣就會影響到整個財政支出規模的擴大。這是第一
點，可以觀察一個國家它的首相與財相在預算案整個決定權的
大或是小。

　　第二個是去看「國會」審查法案權限的部分，可以去看像
是國會對政府預算案修正的權力，可以先去觀察是不開放規則
（closed rule）或是開放規則（open rule）。不開放規則是說政府
的預算案，國會只能投贊成票或是反對票，而且不能做任何修
改；而開放規則就是說政府的預算案過來，國會議員除了可以
投票決定是否通過之外，也可以針對個別的子項目進行修改，
來跟政府討價還價等。這裏就可以看到，如果政府採用不開放
規則，就是首相和財政部長他的談判權力（bargain power）就比
較大，就不需要與國會議員在項目中討價還價；反過來說，如
果國會投票使用開放規則的話，國會議員就可以針對預算案中
的許多小項目來跟政府談判，這樣子政府中首相與財相的談判
權力就會降低，這樣對於整個財政紀律來說不是一件好事情。
經由比較就可發現，使用不開放規則的國家，他們的財政紀律
比較好，政府公債的累積也會比較慢。這是第一點，關於政府
預算案修正的權力。

　　第二點就是國會是不是可以增加總預算的上限，可不可以
把政府送過來的預算案進一步擴大。有些國家是可以，而有些
是不可以。甚至有些國家，例如法國，規定只有政府可以提增
加支出的法案，國會議員如果提出會增加政府支出或造成公共
財源減少的法案，可以被置之不理，這也是另外一種限制的方
法。通常而言，對於這種總支出有限制的，這種預算法案只有

政府可以提出來。相對於那種國會可以擴大整個預算範圍這樣
的情況，這種財政紀律比較好，這是延續剛才的第二點。

　　至於第三點，就是國會裏面預算案投票的過程。這個理論
主要是從美國的國會投票預算案來看，他們國會對於預算案的
投票有兩個階段，第一個就是關於今年總額（overall size）是多
少的投票；接下來第二階段就是去分配這總額裏面的個別項目
是多少。這用意就是怕國會議員任意喊價，所以一開始就先確
定這總預算是多少，之後你在這範圍裏面再去進行「肉桶立法」
（pork-barrel projects）式的協商都沒有關係，這不會影響到總支
出的大小。

　　這是美國政府對於國會設計制度的一個考量。但是在實際
上這樣一個設計是不是有用呢？後來學者發現到，在理論上其
實並不是這麼有效的。因為議員知道投票會經過兩階段，因此
在第一階段就會有像勾結的方式，我們把總預算擴大。等於說
大家已經有想法，彼此要提多少。然後加一加，把範圍擴大一
點。之後，第二階段再來分。所以說這樣的情況下，總預算的
規模並沒有縮小，因為大家事前會去推想總預算的規模會是多
少。這就是賽局理論（game theory）裏面說到，你會去預先推
想未來狀況會是怎樣，然後再對現在行為做一修正。

十一、其他政治制度

　　接下來我們來談論其他的政治制度這些部分的影響。第一
個是很有名的模型，是由Weingast、Shepsle和Johnsen這幾個人
提出來的理論。Weingast做過史丹福大學的政治系主任；Shepsle

是前幾年哈佛大學的系主任，這幾個都是政治經濟學裏面滿重要的人物。他們一篇很有名的文章說明了政府支出的擴大是因為美國採取這種單一選區的影響。而單一選區的結果會是什麼呢？也就是每一個選區都只選出一個代表，這樣一個代表就會傾向於爭取一些法案給自己的選區，增加很多肉桶立法的可能性。這個肉桶立法的特性就是利益是很集中於那個選區的，但是他的成本卻是外溢的。比如說在明尼蘇達蓋一個很大的水壩或是核電發電廠，受益的是明尼蘇達這一邊的人，但是這成本卻要整個美國人來分攤。

如果把每一個州零零星星的內容加起來看，有的是很沒有效率的，比如說像是韓戰紀念碑，蓋一個很大的碑，這些都會造成國家財政支出的擴大。利益很集中，但是成本卻是往外擴張的。然而每個國會議員根本就管不了那麼多，他自己政治利益最重要，整個美國財政的狀況不是他關心的重點。

這種說法有點把政府擴大支出的原因歸諸單一選區多數決所形成的後果，但是也有人覺得單一選區不一定會造成這樣一個不好的效果。美國會形成這樣一個效果是因為他的黨紀不好，美國政黨沒有辦法約束他的個別成員去服從黨紀。所以每個成員各行其是，都來要一點東西，喊一點價格的情況之下，他整個預算規模就會大幅增加。但是如果有一個黨紀在控制每個國會議員，由黨的黨魁協商政府支出的範圍時，這樣國家支出的情況就不會那麼嚴重了。

好比說像是英國，英國也是採取單一選區多數決的，他有六百多個個別的小選區，但是英國就很少聽到有像美國這種肉桶立法的情況。因為他黨紀很好，主要預算是控制在黨魁，就是政府內閣之中，個別議員並沒有太大的發言權力。所以這就

是說黨紀也是另外一個重要的因素。

　　依此，Robert Franzese跟Irfan Nooruddin就提出一個看法，他們觀察政黨凝聚程度，好比說一個國家他的國會議員有五百個，如果說黨紀不好的話，這五百人就會各行其是，如果黨紀好的話，這國家最後就會變成兩、三個黨，各有黨鞭和黨魁出來掌握。那實際的行為者就只有二到三個人左右，這樣就會大為減少肉桶立法的情況，他們就是用這樣一個方式來跑實證的資料。發現到黨紀比較好的國家，政府支出的增加會比較緩慢，這是他們做出來的結果。

　　另外有一個類似的研究，是Perotti和Kontopoulos所做的，Perotti也是西歐國家的學者，因為他們政府面臨到財政暴增的結果，所以他們都有這種誘因來研究這問題。他們的概念就是使用「決策體系分化程度」（fragmentation of decision-making），來看對於政府財政支出的影響。他們觀察到的具體指標有兩個，第一個就是「內閣政黨的數目」，就是去觀察聯合內閣中有幾個政黨。通常有比較多的政黨時，小黨比較容易有發言權。大黨要遷就小黨，之後會造成整個決策體系不是那麼集中，也就是說首相和財相的權力會比較弱。

　　另一個就是去看內閣裏面的「支出部會」（spending ministers）的數目，好比說如果有很多部會，也都有增加支出的權力。他們發現到如果內閣裏面他的政黨數目增加，以及內閣裏面支出部會數目增加，那政府裏面的財政紀律會比較不好，也就是財政支出會以比較快的速度來增長。

　　接下來我來統整一下這些概念，其實這些理論都與Mancur Olson有關，他就是提出「集體行動邏輯」的那個人。他在一九八二年提到一個“encompassing”這樣一個概念，這個字就是

「包含性」的意思，他發現到決策層級比較低的人，通常比較不會考慮到一般決策對整個國家的影響。好比說個別議員比較不會考慮到他的喊價、加碼對於國家整體的影響；然而決策體系比較高的人，比較會去注意到政府支出計畫的成本和效益是否合算。因爲在某種程度來說，他無法把公共開支的成本外溢給其他人，因爲他本身就是頭了。而他唯一可以外溢的就是把這負擔遺留給下一代。所以encompassing這樣一個概念，就是說高階層級的人在做決策時會同時考量到利益和成本的用心，而比較沒有辦法把成本外溢給其他人，因爲他就是唯一的決策者了。

所以用這概念來看前面的一些理論，會發覺到其相似之處，比如說一個國家，要是他的黨紀較好，則執政黨的黨魁，也就是首相或總理，通常比較會認知到必須內化政府支出的成本，而且也會比較有誘因這樣做，這就會對財政紀律部分比較有幫助，以上是政府支出增加的部分。

十二、公共支出的組成

接下來我們來談公共支出的組成，剛剛談到的幾個模型或是理論，就是要解釋政府財政支出爲什麼會在二次大戰之後不斷地增加。我們除了對於整個財政支出增加有興趣之外，也對整個財政支出的項目組成有興趣，比如說這國家對於社會福利支出比較多，而另一個比較少，這也是我們這部分研究的出發點。

最先的論點是由Meltzer和Richard在一九八一年提出的當

「中間選民所得」(median voter income) 與「平均選民所得」
(mean voter income) 差距增加時，中間收入選民就會有較強的
誘因去要求所得重分配。什麼是中間選民所得？就是選民裏面
把他們的收入從大排到小，然後在中間的部分，也就是中位數
的部分，就是中間選民的所得。平均選民所得就是把所有的選
民所得加起來，然後除以所有選民數目，就可以得到平均數，
這就是平均選民所得。

　　好比說一個國家就只有三個人，他們的所得分別是一百
元、二百元和六百元。那中間選民所得是多少？就是中間的那
個人的所得，所以就是二百元；但是他的平均選民所得是多
少？平均選民所得就是一百加上二百再加上六百，然後除以
三，所以是三百。這裏我們可以看到平均選民所得和中間選民
所得有不一樣。那如果說最高所得的人，他的所得又往上增
加，三個人的所得分配變成是一百元、二百元和一千二百元，
我們很容易發現到平均選民所得也隨之往上增加，變成五百
元，但是中間選民所得不會隨之改變，還是二百元。也就是說
這兩個值差距增大時，中間選民，也就是所得二百元的人，就
會比較有誘因去要求所得的重分配。也就是說，當中間選民發
現到他的所得和社會平均是有很大落差時，就會比較有誘因來
要求所得重分配，這就是這個模型的基本概念。

　　我們可以看到歷史上西歐國家，其公民權的擴大是慢慢漸
進的，主要是在十九世紀後半葉才慢慢擴大。我們看到原來比
較沒有財產的人慢慢獲得投票權，當他們慢慢獲得投票權之
後，會看到產生一個情況，就是中間選民的所得和平均選民所
得會產生比較大的差距。因為此時比較窮的人也擁有投票權，
因此對於整體社會擁有投票權的人來說，所得重分配的呼聲就

會比較高，所以我們看到社會福利政策比較有大規模的推動，這是對於重分配最原始的理論。

十三、政治制度對公共支出組成的影響

也有其他的作品討論政治制度對政府支出組成的影響，也就是說，政治制度在某種程度也會影響到公共支出組成的範圍和內容。第一個來看的是選舉制度中比例代表制、多數決選舉制的影響，這是Perotti和Rostagno這兩個義大利學者所做的研究。

他們的研究中，比例代表制是假定一個全國性選區（全國性政黨名單），其實這樣的國家並不多，像是荷蘭，大部分國家都是大區域的名單，或者說是邦、州這樣一個名單。不過這部分的區別這裏先不討論。這樣的情況下，是由政黨來決定候選人的名單，所以黨魁有很大的操縱權，那代表地區的特殊利益的聲音將降低，但是代表團體的聲音將加強，所以結果是在比例代表制裏面，移轉性社會福利支出較高，也就是中高所得比較會移轉到低所得群體的部分。

而在多數決選舉制系統中，因為國會議員以地區為單位選出，所以他們會要求比較高的地區建設支出。我們發現比起比例代表制國家來說，單一選區多數決國家地區性的公共建設支出顯得較高，但在社會福利方面的支出相對就比較不會那麼大。因為比例代表制裏面政黨的分歧，主要是因為階級投票所形成，所以在比例代表制中，比較容易見到所得的重分配，從中高所得流到低所得選民，但是比較少見到代表選區利益的要

求，這是兩個選舉制度不同的影響。當然若單一選區某一階級集中於某些選區，則單一選區多數決還是很有可能出現相當的所得重分配的要求。

接下來還有Persson和Tabelline的理論，他們也是在比較單一選區和比例代表制，只是他們用不同角度來看。單一選區裏面會有安全選區和游離選區，安全選區就是政黨的鐵票區，比如說英國工黨可能在大的工業城市中佔優勢，保守黨可能在靠近倫敦的郊區及鄉村較佔優勢。在這之外會有一些雙方比較勢均力敵的選區，這就是所謂的游離選區。

他們認為在單一選區多數決制度下，每一個政黨在安全選區中，比較不會專注去攻取這些地方，而是會試圖去爭取游離選區（swing districts）的票。因此雙方將會有較大的特殊利益移轉至這些選區，以及提供較多的公共財（指在治安、健康、交通運輸與教育上的支出），開一些比較多的政策支票來收買游離選區，因此政府這種屬於地區性的消費就會增加。

反過來說，比例代表制就沒有所謂的不安全選區，每一個選區都有相當的比例代表性，不會有贏者全拿的結果。他可能有優勢選區，但是就沒有安全或不安全選區。所以這種針對特定地區的特殊性移轉是比較低的。因此，在政黨比例代表制之下的每一政黨不會有不安全的選區，所以全部的特殊移轉相對是低的。可是，因為選區規模大，政黨比例代表制傾向於誘使政黨提供全體使用的公共財。這些公共財是供全體國民使用的，而不是針對特定的小地區，雖然這類公共財也可能是針對特定團體的移轉性支出。這是Persson和Tabeliine的模型，這跟剛剛Perotti談的模型，其實都是談到不同選舉制度的影響。

對於選舉對政府支出的影響，國內以及日本學者都有談到

複數選區單記非讓渡投票制度（SNTV）的制度後果，複數選區單記非讓渡投票制度（SNTV）是台灣目前以及日本在一九九六年以前採行的制度，既有的討論關切的包括派系嚴重、黑金政治，與肉桶立法非常氾濫的情況。所以觀察複數選區單記非讓渡投票制度（SNTV）下，造成的政府財政支出擴大的情況，可以跟其他選制的制度後果放在一起比較。

十四、其他政治經濟議題與結構性因素

剛剛是我們在政治經濟學領域中研究的幾個比較大的議題，像是政治經濟景氣循環理論、公共支出規模、公共支出組成，以及社會福利支出等主題，這些主題基本上都是西方社會比較關切的議題，跟其二次大戰後的政經發展經驗有很大的關係，這是很自然的事情，因為學者通常是從自己身邊熟悉的議題開始討論。這些主題都是西方社會比較關切的議題，實際在這社會發生，也都困擾著這些國家。也是使得這些國家的學者開始從事這方面的研究。最後我介紹幾個其他的議題，也都是在政治經濟學中滿重要的議題。

首先第一個重要的議題是關於國際貿易、金融政策以及關稅決定等等，西方政治經濟學中也已經有廣泛的研究，研究的背景也是在全球化的過程下，也是西方國家面臨的重要議題。在實質上這個議題因為也涉及所得重分配，所以政治力就會扮演重要的角色，例如不同產業部門以及階級對外貿易及資本流通開放程度的利益與興趣並不相同。此外政治制度的影響也很大，因為政治制度能夠引導社會參與者達成某種均衡，使某些

聲音特別凸顯出來，這方面系統性的研究也陸續出現。

　　其實不管是政治經濟景氣循環理論，公共支出規模，或者是國際貿易、金融政策等等議題，雖然對西方的研究做得比較多，但其實不是西方國家所專有。第三波民主化開展之後，相當多的開發中威權國家轉型成民主國家，例如台灣與南韓，這些政經議題也陸陸續續出現在這些新興民主國家，例如政府政策隨選舉而出現的循環，政府債務佔國內生產總值的比重不斷增加，勞動成本增加與資本外移等現象都陸續出現，這部分的研究在開發中國家做得不像經濟合作暨發展組織（OECD）國家這麼完整，是值得繼續開發的研究領域。

　　政治經濟學領域除了探討政治制度對經濟生活的影響之外，結構性因素也相當重要。結構性因素包括了社會資本、族群衝突程度、自然資源豐沛程度、殖民地歷史經驗、一國所面臨的外在威脅程度等等，不同的結構變項會影響政治制度對行為者的報償，進而影響其計算和選擇。例如說，人際之間的信任程度增加會提升民主鞏固的可能性，也會使得政府施政的效能隨之增加。所以不管是研究政治經濟學中的什麼課題，結合結構性因素與政治制度一起考量將會是很重要的途徑。例如說要解釋各個國家經濟成長表現的不同的話，就必須把很多結構性因素納入，至少是控制住，更好的是把它納進來一起討論。

（責任校稿：郭俊偉、林璟斐、劉岫靈）

參考文獻

Alesina, Alberto & Nouriel Roubini with Gerald Cohen (1997). *Political Cycles and the Macroeconomy*. MIT Press.

Drazen, Allan (2000). *Political Economy in Macroeconomics*. Princeton, New Jersey: Princeton University Press.

Franzese, Robert J., Jr. (2002). *Macroeconomic Policies of Developed Democracies*. Cambridge.

Franzese, Robert & Irfan Nooruddin (2003). The Effective Constituency in (Re)Distributive Politics: Alternative Bases of Democratic Representation, Geographic versus Partisan. Manuscript.

Grilli, Vittorio, Donato Masciandaro & Guido Tabellini (1991). Political and Monetary Institutions and Public Finance Policies in the Industrial Countries. *Economic Policy*. 13:341-392.

Hibbs, Douglas (1987). *The American Political Economy: Macroeconomics and Electoral Politics*. Harvard.

Meltzer, Allan H. & Scott F. Richard (1981). A Rational Theory of the Size of Government. *Journal of Political Economy*, 89 (5):914-927.

Milesi-Ferretti, Perotti & Rostagno (2002). Electoral Systems and Public Spending. *Quarter Journal of Economics*, 117 (2): 609-657.

Mueller, Dennis (2003). *Public Choice III*. Cambridge.

Mueller, Dennis (eds.) (1997). *Perspective in Public Choice*.

Cambridge.

Olson, Mancur (1982). *The Rise and Decline of Nations*. New Haven: Yale University Press.

Perotti, Roberto & Yianos Kontopoulos (2002). Fragmented Fiscal Policy. *Journal of Public Economics*, 86 (2): 191-222.

Persson, Torsten & Guido Tabellini (2000). *Political Economics: Explaining Economic Policy*. MIT Press.

Persson, Torsten & Guido Tabellini (2003). *The Economic Effect of Constitutions*. MIT Press.

Tufte, Edward (1978). *Political Control of the Economy*. Princeton.

Weingast, Barry, Kenneth Shepsle & C. Johnson (1981). The Political Economy of Costs and Benefits: A Neoclassical Approach to Distributive Politics. *Journal of Political Economy*, 89 (4):642-664.

第九章

總統選舉制度與社會團結

林繼文

學歷：加州大學洛杉磯分校政治學博士

現職：中央研究院政治所副研究員

研究專長：形式政治理論、賽局理論以及比較政治制度

一、前言

　　我今天要跟大家研究的是，制度研究者常在思考的一個問題。大家一定注意到二〇〇四年台灣的總統及立委兩場選舉，每次選舉後社會上就有許多討論；基本上這樣的討論重點通常集中在：選舉為何會產生這樣的結果，以及這樣的結果會產生什麼樣的負面狀況；但我認為有一種觀念是很少被討論的，這個觀點就是說，不管是總統選舉或立委選舉，有一些問題，這些問題要如何解決，一些民眾或學者會傾向用道德或文化來解決這樣的問題。

　　經濟學者則不認同這樣的想法，因為他們會認為就讓市場自由競爭運作，這樣可以使得劣幣被驅逐，如果真的不行，再採用其他經濟制度，政治學者也有相同想法，在選舉有一塊很重要的部分，並未在主流論述中佔據位子。也就是說，是否可能用制度重新設計來改善我們所看見的弊端；就以這屆立委選舉為例，這屆絕大部分候選人面臨的問題就是選民策略性投票問題。簡單來說，在我國立委選舉制度中，選民要相當聰明才可以達到所期許的目標；同樣地，民調不準確原因也出自於此。簡單來說，何謂策略性投票，民調高低或在安全名單內外，都會造成候選人不高興，因為在現今台灣立委選制無法準確測量選民的策略性投票問題。

二、選舉的制度面向

　　如果一個所喜歡的候選人，他的民調在前面，一個直覺反應是要把票投給自己所喜歡的第二或第三候選人。因爲這樣可以讓自己喜歡的人選上兩個或三個；但是，眞正聰明的選民會想，如果大家都跟我一樣的思維，那麼民調最高的人就不會當選了，這是一個集體行動的問題，這種情況是會發生的。爲何這種狀況在許多國家不會發生，但在台灣卻是非常明顯，很多的學者會告訴你，這是跟台灣複數選區單記非讓渡投票制的選舉制度有關。

　　以北市南區爲例，這次選舉有三十四位候選人要選出十位，選民必須耗費相當程度的資訊成本才能夠做排序。即使選民做出了排序，但是他還是要去計算其他選民的想法、候選人的民調高低，再去考量要不要去救某一候選人，再去投票。這個問題不管是對政治學者或是經濟學者而言，都是一個相當有趣的問題，這絕對是理性選擇，但這卻超過我們一般所運用的模型，這是相當複雜的一個N個人賽局狀況。

　　從上述來看，就可以得知制度對選民投票行爲的影響，就好像參加總統選舉與立委選舉，選民絕對是有相當不同的感受；這樣包括政治的遊戲規則會影響參與者的行爲策略、行爲，同時這樣的行爲與策略也會影響選民；基於這樣的觀點，要討論一個很重要的概念：「制度工程學」。何謂制度工程學，也就是假設制度的規則對人的行爲有深刻的影響，是否只要瞭解制度的效應，就能預判在何種制度下人們會有怎樣的行爲，

這些人類的行為在我們的判別下，有些是好的、有些是較有問題的，更進一步來說，工程學的意思就是如果某一些制度是比較好的，我們是否就應該朝向那個方向調整。這樣的工程學當然可以涵蓋到整個國家體制，也可以小到簡單的競賽規則，就像選前是否可以公布民調，這個制度的定義是很廣的。但是，對制度研究者而言，不同制度效果會不同，我們可以做選擇，這樣選擇是有規範性的，可以根據自己規範性的出發點來判別制度好壞，但這不是重點，更重要的是制度與結果關係上的連結，這也是今天所要跟大家來討論的重點。

三、全球化觀點

從全球化後殖民主義來看，許多新興民主國家有一個共通性，他們是一個殖民地，並且通常有嚴重的族群問題，這當然跟殖民經驗有關，很多強國與殖民母國利用行政力量、政治力量，讓許多不同族群生活在一個生活領域當中，也就是說，對立性族群是被強劃入一個殖民地，當殖民母國消失或是大國退卻後，會開始產生對立，整個東歐就是一個相當明顯的例子。以烏克蘭來說，它根本是兩個大國把它切割出來的。但是，另一方面很特殊的是他們受到殖民母國或是霸權國家的影響，所以當它們在設計它們的制度時，很容易會模仿殖民母國，就像台灣的選舉制度，就是延續日本的複數選區單記非讓渡投票制度，甚至連我們新的選舉制度還是仿效日本。

拉丁美洲國家都是總統制，因為拉丁美洲是美國勢力影響範圍，此外，法國影響得到的範圍都是兩輪投票制。我們可以

在新興民主國家看到兩個有趣現象，第一就是民族的對立，另外就是他們的制憲者又希望打造一個國家的樣態。現在問題就是說，現代國家體制是否可以處理社會對立關係？這就是今天的問題意識。簡單來說，就是要回答，我們可能透過某一種制度設計來達到削減社會對立嗎？跟隨著第二個特徵來的一個有趣問題，這些新興民主國家通常有民選總統，這是為什麼？很簡單，因為它們以前是殖民地，不可能有一個國王、女王，不會產生一個內閣制。

除此之外，新興民主國家人民有一種渴望，就是讓最高領導人產生於人民，因為他們對政客是相當不信任的，所以不可能會有間接選舉的狀況產生。接下來產生一個問題，在大部分新興民主國家，國家元首是由人民直接選舉產生，這會沒有權力嗎？實務上，這些新興民主國家也許在憲法上，這樣的總統可能沒有很大權限，但實際上幾乎不可能不管事情。在一個新興民主國家，它的經濟與政治還在發展狀況，要去期待民選總統沒有實權，是不太可能的事情。

總結，如果大多數新興民主國家都要去選一個民選總統，而且都有社會對立，不管是宗教性、地域性還是族群性，接下來，我們要從制度工程學來看，這樣的民選總統可否解決這樣的問題嗎？就像這次台灣總統選舉後，台灣明顯瀰漫著一股社會對立氛圍，學者認為這是與總統選制有關〔台灣的選舉制度是一輪相對多數決制（FPTP），誰的票數高誰就會當選〕。

四、不同國家之選舉經驗

　　二〇〇四年全球有好幾場重要的總統選舉，包括美國、烏克蘭、喬治亞、羅馬尼亞等，從美國總統選舉來看，有許多情況與台灣總統選舉類似，包括負面文宣、競選經費高、社會分裂；不管是從台灣、美國還是烏克蘭，很明顯的從選票分析來看，國家被分為兩塊區域的對立，也就是兩個不同區域的選民相互對彼此的不信任；我們思考一個問題，如果這些國家本身就有內生的本質性問題，不管是基於種族還是宗教，這樣的差異會因為總統選舉得到團結嗎？就現狀來看，這個答案是否定的，反而更加嚴重，這個問題應該如何解決？拉回台灣的問題，如果總統選舉是採絕對多數決制，有任何作用嗎？根據杜瓦傑（M. Duverger）的說法，絕對多數會促成多黨聯盟，但如果最後只有兩組人馬，則結果會跟相對多數決制一樣；因為台灣只有兩組候選人，所以相對多數決或是絕對多數決制，都沒有太大影響。

　　除了相對多數決（plurality）或是絕對多數決制（例如：runoff）之外，是否有其他選舉制度可以採用？打分數制（borda rule）其實亦可採用，只是沒有一個國家會採用。另外，還有一點，就是必須讓選民覺得他的選票是不浪費，這對市民社會發展來說是相當重要的，也就是澳洲所採行的二擇一投票（alternative voting，或稱preferential vote）；這種制度的最大壞處在於選票過長，開票麻煩而且時間過長，在台灣反而造成人民懷疑開票過程的不正當性，可能會造成社會動亂，這對民主化而

言，在技術上可以縮短重要競爭性時程爭議，如果連大家對最
基本的競爭規則都有懷疑，什麼都不用談。同意投票（approval
voting），規則是有幾個人來參選，選民就可以投幾票，誰票數
多就可以當選，要注意的是選民不做排序動作；這種制度目前
沒有任何國家在採用。

五、選舉制度的思考面向

　　相對多數決、絕對多數決、二擇一投票與同意投票等四種
制度，是否可以解決新興民主國家所遇到的問題，我們所要關
注的是，可否透過制度設置達到社會團結、減低社會對立。但
此處我們所要討論的焦點不只是社會團結的問題。儘管社會團
結是一個很重要的問題，但我們仍要注意到其他面向。一般談
到選舉制度，學者會去思考一個制度設計出來必須滿足哪些條
件，這裏我提出幾個面向：
　　第一、公平性：也就是說少數黨或者少數團體有沒有被代
表的機會，如果一個少數團體在政治上完全沒有被代表的機
會，可以想像的是它將會走向一個暴力路線，因為沒有辦法參
政，就把你推翻。
　　第二、穩定性：有些學者認為不能太強調公平性，最公平
的制度就是每一個公民都是國會議員；所謂的穩定性就是說一
個體系做決策的人愈多，通常交易成本就相對愈多，因為要談
判、聯盟、交易，得花很多其他成本去做決定，因此不可能每
一個人都作為自己的代表來進行決策，這是不可能形成決策
的，所以我們採用代議政治，我們要注意的是一個制度能否保

持某種程度的穩定性；從這裏可以看到公平性與穩定性是矛盾的。

第三、社會福利：基本而言，如果一個狀態是處於社會福利狀態的話，也就是找不到另外一種狀態可以讓當中沒有一個人得到更壞的結果，卻可以讓一個人得到更好的結果。另一個更精確的名詞就是政策效率（political efficiency）；也就是說，這個社會不可能再進步了，因為轉移到另一狀態會讓另一個人犧牲，假設一個狀態X如果不是最佳狀態，也就是有一種狀態可以讓每一個人不會損失但卻讓某一部分人（至少只是個人）得到利益，如果Y狀態符合這樣的狀態，Y狀態就是政策效率。

以上是經濟學上的定義，對政治學者而言，特別是談投票制度時，我們利用另一個概念——Condorcet；所謂的Condorcet狀態就是一個社會可能選擇出的結果當作一個集合，當中一個元素可以打敗其他元素，這個元素就是Condorcet優勝者，如何打敗？很簡單就是用多數決。我們在瞭解一個選舉制度的效果時，我們會找Condorcet優勝者，一個選舉制度是可以保證Condorcet優勝者的產出；找出Condorcet優勝者的好處在於，如果它是可以被找到且被選出來，就是最穩定的一個狀態，因為任何一個選項都可以被它打敗，當我們尋找社會是否有均衡點時，通常這個均衡點就是Condorcet優勝者，Condorcet當然就是一種社會福利（social welfare），雖然定義上有某些差別。另外，對公民而言，很多選舉制度在數學上是很漂亮的一個模型，諸如，二擇一投票、同意投票、還有愛爾蘭所採行的單記可讓渡投票（STV）。一個制度是否可以讓公民接受相當重要，有些制度很漂亮，但是卻讓人無法接受，人民不懂的制度會有很大的問題。

第四、負面文宣：有沒有制度會強化對立，或是可以降

低、化解對立？台灣社會為何會對立，這跟媒體與政治人物有絕對關係，因為在選舉前大家可以和平共處，但一到選舉，一般人很容易受到媒體影響，選民在媒體上看到候選人相互攻訐，看到自己所認同的候選人被攻擊，就會認為自己被攻擊，選舉競爭會造成社會對立；這是很嚴重的問題，媒體的推波助瀾、候選人的彼此攻擊，會造成社會對立。有沒有制度可以造成候選人壓力，避免其攻擊對方，不要有負面文宣的產生，這是很需要探討的。

第五、策略性投票：這是嚴重的問題，為何？就像這次立委選後，報章上的一些評論認為策略性投票扭曲選民真正的意志，明明某人支持度很高，但卻落選，這個問題在台灣一直浮現，如果台灣採用比例代表制的話，這些落選者就是大黨，所以策略性投票強迫選民扭曲他們自己的意志。最後我們要探討的就是：是否有一種選制可以避免選民策略性投票。

所謂策略性投票，最簡單來說，就是一個選民犧牲自己比較喜歡的候選人，讓他討厭的候選人不要當選，這是一種對偏好的扭曲。接下來採用理性選擇的分析方法：假設選民對不同候選人有不同的喜好，當在投票的時候會有策略性的考量，雖然最希望自己最喜愛的人當選，但有些時候會做策略性的考慮，當大家都在進行策略性投票，最後結果會產生怎樣的當選者，會造成什麼樣的影響，這是接續要討論的。

我們先解決一些比較好懂的問題，首先，公平性的問題，如果我們今天談的是國會議員的選舉，這將會是一個很大的問題，也就是說到底是單一選區兩票制比較好？還是複數選區單記非讓渡投票制（SNTV）比較好？德國制比較好？還是日本制比較好？這爭論是不休的，但我們今天要處理的是總統選舉，

表9-1　四種單一選區制結果之比較

	相對多數決	多輪投票	排序投票	認可投票
公平性（當選最高門檻）	1/2	1/2	1/2	總票數之1/2，但支持者可能超過選民半數
穩定性	高，但常有例外	低	高	高
集體福利（Condorcet贏家）	不一定存在	不一定存在	不一定存在	不一定存在
理解成本	低	低	高	低
負面文宣	常見	常見	不常見	非常少見
策略性投票	是	是	是	否

因為總統只有一個人，也就是說只有一個候選人可以當選。通常我們會以為，哪一個候選人實力不過半他就可能不會當選，但其實不一定是這樣，我們通常在文獻當中討論到制度公平性的時候，會算兩種門檻，一個是高門檻，一個是低門檻；高門檻所指的就是當選商數，只要達到這個商數就一定會當選；而低門檻是指經驗門檻，只要候選人票數達到這個門檻，通常當選機率就高。

　　從表9-1來看，這四種制度的高門檻都是二分之一，高門檻的意思就是你最高可以拿到多少票而落選，只要你在單一選區超過二分之一就絕對當選，但是要注意的是，同意投票制下的高門檻的含義與其他制度可能不同，這必須從同意投票制的定義去瞭解。從經驗上的門檻來看，對絕對多數決制或是同意投票制一定要拿到超過二分之一的選票才能當選。但在相對多數

決制，因為若候選人超過兩人以上則不需要達到二分之一就可以當選，甚至我們可以說若是這個國家是多黨制，每個政黨都企圖推出自己的候選人，則當選門檻就不是二分之一，除非制度改成絕對多數，台灣就是屬於這樣狀況的國家。

　　所以，我們可以說在採行相對多數決制的國家，當選門檻不一定要二分之一，要視其政黨體系來決定；而同意投票制的邏輯是，因為選民可以投很多票，所以候選人要盡可能的贏得選民跨黨派的支持，所以理論上來說，同意投票制的當選票數門檻應該是很高的，倒過來想，若在同意投票制之下，選民可以投零票到N（競選人數目）票，選民投零票的機率是相當低的，通常都會選兩個以上，所以，從這看來，同意投票制比絕對多數制（runoff）、二擇一投票（alternative voting）的門檻來得高許多，如果就公平性來說，門檻最低的可能就是相對多數決。

　　我們把相同概念拿來看穩定性的問題，倒過來就可以瞭解，在相對多數決制的國家中，小黨是有空間的，只要它在多黨制的體制之下，甚至於，相對多數決所被人詬病的是，時常會因為主流政黨是分裂的，而造成當選人是邊緣政黨，這在拉丁美洲是時常發生的，他看起來比較不是這麼穩定。對絕對多數決制與二擇一投票而言，後者的穩定性高過於前者，為什麼絕對多數決制的穩定性會不高？從杜瓦傑所解釋的兩輪決選制會產生多黨聯盟，這是很簡單可以理解的，任何一個小黨就會想辦法在第一輪出來選舉，只要它第一輪排上前兩名，它就可以進入第二輪決選，透過友黨的支持，最後可能當選；在絕對多數制體制下，它會促成多黨制，也會促進政黨聯盟，所以穩定度稍微低。同意投票制的話，就像前面所說，候選人要盡可

能的贏得選民跨黨派的支持才可能當選，若只是代表特定政黨則不容易當選，因此它的穩定性會高於其他制度。

　　再來，一個制度是否容易讓人民瞭解，上面四種制度最難讓人民瞭解的，就是澳洲的二擇一投票制。絕對多數不難理解，但會有一個大問題，會造成選民精神錯亂，因為它的邏輯就是政黨在第一輪會吵成一團，只為了擠上前兩名，但是當中選會宣布前兩名後，原本爭論不休的政黨卻聯盟起來，這樣才能夠成功執政；總言之，政黨的分合會很快有變化。相對多數決很容易瞭解，但有時候會有一個問題就是少數黨當選。同意投票制其實也很容易瞭解，台灣許多社團組織主席的選出就是用這種方法。

　　接下來，我們所要處理的就是比較困難的分析，第一，就是我們前面所講的Condorcet，先跟大家說結論，這四種制度都不會保證Condorcet的產生，從**表9-2**來看，我模擬了一個選舉，選民有四種類別，每類型選民對三個候選人的排序是如**表9-2**所示，如果選民排序是如此，那這個社會是否有Condorcet存在呢？答案在候選人兩兩相較之下，M就是Condorcet優勝者；在四種制度下，只有相對多數決制下，G才會當選，在其他制度下

表9-2　認可投票制下的三人競選

選民類別	%	選民偏好	選民之投票行為	候選人得票率		
				B	M	G
I	38	B>M>G	30%選民只投B；8%投B與M	38	8	0
II	13	M>B>G	都投M與B	13	13	0
III	8	M>G>B	都投M與G	0	8	8
IV	41	G>M>B	30%只投G；11%投G與M	0	11	41

則都是當選B，不管如何選M都不會當選，但M才是Condorcet優勝者，所以我們只能看其他條件。

　　負面文宣，依照**表9-3**，它是兩個賽局，假設每一個候選人面對兩種壓力，一種是選票壓力（例如：中間選民選票壓力），另一種是黨內同志或金主的壓力，v是一張選票，r就是金錢或支持，當然對某些候選人來說，這種金錢或政治支持可以轉化成選票，不過當中是可以當作一個變數的。左邊是相對多數決的賽局，假設現在有兩個候選人，他可以採取兩種策略，一個是採負面文宣的方式進行，一個則是採正面文宣的方式進行，所以可以得知每個候選人有兩個策略方式，因此會產生四種結果，這裏面的變數是說在四種情況底下票數各會有怎樣的變化；我這邊有一個假設是說，如果某一個候選人的支持者當然還是會投給他，但會不會給他錢、支持他，係看候選人是否可以完成支持者的理念，如果兩個候選人去做正面政策辯論，死忠選民就會有很多不滿，而不再支持他。

　　如果兩個候選人都是採取正面策略，對某一個選民的選票而言，就一定是對分，這邊的v是指中間選民，當兩個候選人都採取正面策略方式進行，則v/2；看右下角，如果兩邊都採取負面攻擊，假設中間選民就不會去投票，候選人原本的支持者就

表9-3　相對多數決制與認可投票制下的負面競選：兩個賽局的比較

相對多數決制			認可投票制		
	非負面	負面		非負面	負面
非負面	v/2, v/2	v, r	非負面	v, v	v, r
負面	r, v	r, r	負面	r, v	r, r

說明：格內為候選人得票比例。

會拿錢去支持候選人,再去換票。剩下兩個就容易類推,如果一個採取正面,那他就可以拿到全部的v,負面就可以拿到r;v跟r的關係就可以導引出左邊這個賽局均衡,左邊這個相對多數決的均衡中,若兩邊要採取正面策略文宣的條件就是$v/2>r$,也就是每一個中間選民的選票要超過兩倍的樁腳所能爭取到的選票。

　　但是,如果在同意投票制底下則會不同,若假設有兩個候選人競爭,選民就有兩票可以運用,對中間選民來說,他們就會想哪一個候選人用正面策略文宣,則我就投給他,雖然這不代表我不投給另一個人,所以這票數會是右邊這個狀況,若兩個人都採取正面策略文宣,則兩個人都可以得到一票,若兩個人都採取負面政策文宣,則中間選民會兩個都不投,但特殊的是,同意投票制底下,要雙方候選人都採行正面策略文宣,必須在$v>r$的條件之下進行。這是在說明兩種制度都不可能根除負面文宣的產生,但是相對而言,在同意投票制之下,他是可以降低負面文宣,因為門檻比較低。更簡單來說,同意投票制等於放大了中間選民的影響力。同樣的,在不同人數競爭的狀況下,還是會有上述結論。

　　最後,要解決的是在四種制度之下,是否有一種制度可以防杜策略性投票的產生?**表9-4**將選民分為三類,三類選民佔人口百分比分別為百分之四十二、百分之二十以及百分之三十八,三類選民的差別是在於對政黨支持排序不同,第一類的選民是最支持工黨,其次保守黨,最後是民主黨;第二類是保守黨、民主黨、工黨;第三類則是民主黨、工黨與保守黨。在不同選舉制度下,選舉結果是否會不一樣?在相對多數決之下,則工黨會當選,如果大家都按照自己的偏好來投票,則三組政

黨得票率高低分別是工黨、民主黨與保守黨，但工黨被哪一組選民認為是最差？第二組選民。但如果你是第二類選民，知道工黨會當選，你會棄誰保誰？一定會是棄保守黨保民主黨，所以民主黨就會得到百分之五十八的選票而當選；這種狀況在相對多數決制的國家裏面是常常發生的，你為了不讓你最不喜歡的政黨當選，你寧願捨棄自己最喜歡的，去支持其次政黨。

因此，在相對多數決制下會有相當高的策略性投票的動機，台灣SNTV只是相對多數決的一個例子，當你的當選者愈多時，策略性投票的動機會更強，也更難預測。**表9-4**的例子中，在絕對多數決的制度裏，假設選民都誠實的投票，第一輪沒人會過半當選，第二輪工黨與民主黨進入，保守黨被排除掉後，則其選票會轉入民主黨中，使得民主黨當選；在二擇一投票的機制中，可以阻礙選民策略性投票，因為每個人在第一輪都可以偏好的排序來投票，假設每個人都誠實投票，而且第一輪沒有人過半，則進入第二輪，**表9-4**中的保守黨會被排除，保守黨的選票會轉向民主黨，且民主黨會當選；如果我是第一類選民，就變成我最不喜歡的人當選，因此如果我是第一類裏聰明的選民，在第一輪就會有策略性投票，投給保守黨，因為第一輪保守黨領先，所以，結論是在此制度下策略性投票的動機也會出現。

表9-4　選民在某場選舉中對三個政黨的偏好排序

選民類型	％	偏好順序
I	42	工黨＞保守黨＞民主黨
II	20	保守黨＞民主黨＞工黨
III	38	民主黨＞工黨＞保守黨

在同意投票制下，我們先假設每個人可以投兩票，那麼三個政黨分別的得票數是八十、六十二與五十八，工黨會當選，假設工黨真的當選，第一類選民會很開心，那麼第二、三類選民有沒有可能進行策略性投票不讓工黨當選？答案是沒有辦法，因為以第二類選民來說，第二類選民只能投保守黨與民主黨，即便如此，工黨仍然是最高票；對第三類選民來說，因為工黨是其第二順位，有沒有可能讓其第一順位的民主黨當選，但這是不可能，所以第三類選民無法透過策略性方法來計算。如果二、三類的選民企圖不讓工黨當選，採取換票聯盟，使得民主黨當選，但這種聯盟是會被第一類選民直接投保守黨破壞掉這種機會，這種聯盟是可能存在的，但是不是一個長久聯盟，而且這種換票聯盟是不符合策略性投票的理論。另外，如果二跟三形成換票聯盟，都只投民主黨，但如果我是二類的選民我為什麼不都只投保守黨？二類選民同時投了保守黨跟民主黨，因此不算是策略性投票。這個例子告訴我們，只有同意投票制能夠滿足狹義策略性投票的防護，至少可以防護狹義策略性投票狀況減低，當然這是沒辦法完全去禁止，每個選民只去投一票不顧其他偏好，這是其他制度所不能達到的。

結論就是這套東西聽起來是有道理，有沒有國家在用這套制度？目前沒有，但也不能說完全沒有，因為許多團體在運用這個制度，在很多局部性、地區性的選舉中運行，像在俄羅斯的地區選舉，運用DIS同意投票制，也就是說採用打X制度，選民對哪些候選人不滿即可打X，最少X的人即可當選，但這是相當負面的。有沒有可能一個國家會運作此制度，我們談選舉制度就是在使得總統選舉的制度設計，可以減少社會分裂的狀況，有沒有一個國家的制度達到我們所期待的目標？聯合國秘

書長目前就是用此制度選出的，這對超越國家界線處理問題是
很重要的。今天所談的當然都是跟理性選擇相關，可以用數學
來算出，但這都不是重要的，台灣會採行哪一種制度？這倒是
另外一件事。你認爲我今天所說的可以改變一些事情，這才是
重要的。

（責任校稿：劉智年、康禎庭、劉岫靈）

參考文獻

Arrow, Kenneth (1951). *Social Choice and Individual Values*. New York: Wiley.

Brams, Steven J. (2002). Approval Voting: A Better Way to Select a Winner. http://alum.mit.edu/ne/whatmatters/200211/index.html.

Brams, Steven J. & Dudley R. Herschbach (2001). The Science of Elections. *Science* May 25: 1449.

Brams, Steven J. & Peter C. Fishburn (1983). *Approval Voting*. Boston: Birkhäuser.

Brams, Steven J. & Peter C. Fishburn (1991). Alternative Voting Systems. In L. Sandy Maisel ed., Political Parties and Elections in the United States: An Encyclopedia 1. New York: Garland, pp. 23-31.

Cox, Gary W. (1984). Strategic Electoral Choice in Multi-Member Districts: Approval Voting in Practice? *American Journal of Political Science* 28: 722-738.

Cox, Gary W. (1985). Electoral Equilibrium under Approval Voting. *American Journal of Political Science* 29: 112-118.

Cox, Gary W. (1992). Centripetal and Centrifugal Incentives in Electoral Systems. *American Journal of Political Science* 34, 4: 903-935.

Duverger, Maurice (1966). *Political Parties: Their Organization and Activity in the Modern State* (translated by Barbara and Robert North). New York: Wiley.

Grofman, Bernard & Arend Lijphart (1986). *Electoral laws and their political consequences*. New York: Agathon Press.

Rae, Douglas W. (1971). *The political consequences of electoral laws*. New Haven: Yale University Press.

Taagepera, Rein and Matthew S. Shugart (1989). *Seats and Votes: The Effects and Determinants of Electoral Systems*. New Haven and London: Yale University Press.

揚智叢刊 43

經濟學帝國主義

策　　　劃／台灣大學國家發展研究所
主　　　編／李炳南
副 主 編／鄧志松、唐代彪、邱鳳臨
作　　　者／楊建成等
執 行 編 輯／李鳳三
責 任 編 輯／周海蕙、彭艾喬、劉郁初
出 版 者／揚智文化事業股份有限公司
發 行 人／葉忠賢
總 編 輯／林新倫
登 記 證／局版北市業字第1117號
地　　　址／台北市新生南路三段88號5樓之6
電　　　話／(02)2366-0309　2366-0313
傳　　　真／(02)2366-0310
網　　　址／http://www.ycrc.com.tw
　E-mail ／service@ycrc.com.tw
郵 撥 帳 號／19735365
戶　　　名／葉忠賢
法 律 顧 問／北辰著作權事務所　蕭雄淋律師
印　　　刷／鼎易彩色印刷股份有限公司
　I S B N ／957-818-754-8
初 版 一 刷／2005年9月
定　　　價／新台幣300元

國家圖書館出版品預行編目資料

經濟學帝國主義 = Economic imperialism / 楊
　建成等作. -- 初版. -- 臺北市 ： 揚智文化,
　2005[民94]
　　面； 公分. -- （揚智叢刊；43）
　含參考書目
　ISBN 957-818-754-8（平裝）

　　1. 公共選擇 — 論文, 講詞等

572.9907　　　　　　　　　　　　94017390